三戸政和

いますぐサラリーマンは300万円で小さな会社を買いなさい

講談社+α新書

はじめに　会社が格段に買いやすくなった

人生の選択肢が増えた

あなたはこの5年間をどう過ごしましたか。

ちょうど5年前、私は『サラリーマンは300万円で小さな会社を買いなさい』（講談社+α新書。以下『サラ3』）を上梓《じょうし》して、「個人が会社を買う」という新しい概念を社会に伝えました。

おかげさまで本はシリーズ累計20万部を超えるヒットとなり、さまざまな媒体の書評や企画などで取り上げてもらいました。

私が伝えたかったことはこの5年で世の中に広まり、「個人が会社を買う」ことは、もはや人生の選択肢の一つとして選びうるものになったと言えるでしょう。

『サラ3』によって多くの人に「個人が会社を買う」という選択肢の存在と、その可能性についで知ってもらうことができました。実際、本を読まれた方の多くは「自分がサラリーマンを辞めて会社を買えるだろうか……」という想像を、何回かはしたはずです。

もちろん、人にはそれぞれが抱える事情、立場、状況があります。すぐに「会社を買おう」と動き出せる人はそう多くなかったでしょう。

それでも、この5年の間に動いた人は少なからず存在しました。

そしてその数は徐々にではありますが、確実に増え続けています。

そのおかげで社会もじわりと変化しはじめました。一例として、高止まりしていた後継者不在の中小企業の割合は減少に転じています。


さて、冒頭の問いに戻ります。

あなたはこの5年間をどう過ごしましたか。

自らを振り返っていただきつつ、私がご紹介したいのは、この5年の間に『サラ3』に出会って、「会社を買う」という選択肢を選び取り、動いた人の話です。

彼らは『サラ3』を読み、「自分はこのままサラリーマンを続けていていいのだろうか」「こんな自分にも会社を買って経営することが果たしてできるのだろうか」と思いを巡らせました。そこまでは他の読者の方たちと同じでしょう。

でも彼らはそこで一歩、踏み出しました。

一歩踏み出した彼らは、この5年をどのように過ごしてきたのでしょうか。

彼らと同じように「会社を買う」ことを想像しながら、さまざまな事情により、あなたが選ばなかった／選べなかった選択肢――。

それを選び取った一人の5年間を見てみましょう。

サラリーマンの行く末

まずご紹介するのは、大手重工業メーカーＩＨＩで航空宇宙分野のエンジニアとして技術畑を歩んできた山下公彦《やましたきみひこ》さんです。同じ会社で30年間、地道に勤めあげ、会社経営とは縁のなかったサラリーマンです。

山下さんは50代になったとき、会社が用意したライフプランセミナーを受講し、これからの人生について深く考えるようになりました。

そこで思いついたのが、「地元の石川県に戻り、自分の持つ技術を生かす道はないか」ということ。そのために「地元の会社を買う」という道を探ることにしました。

山下さんは、私が『サラ3』刊行後にスモールＭ＆Ａを担う人材を育てるために始めたオンラインサロン「サラリーマンが３００万円で小さな会社を買うサロン～個人Ｍ＆Ａ塾～（ＤＭＭオンラインサロン）」（略称「サラ3サロン」）にも入会し、「個人が会社を買う」ことについて学ぶとともに、情報を集め始めました。

経験を積んだサラリーマンが40～50代となり、山下さんのようにセカンドキャリアについて考え始めることは珍しくありません。さらに日本経済の停滞により、ベテランのサラリーマンに対する会社からの風当たりは、ますます厳しくなっています。山下さんのような経験とスキルを積み上げたサラリーマンが、定年まで一つの会社で勤めあげるのが当然という環境ではなくなっているのです。

いま40～50代のサラリーマンの多くは、「これからどうするのか」という問いを目の前に突き付けられ、揺れ動いています。その問いに向き合うことは簡単なことではありません。かといって、いつまでもやり過ごしていけるものではないはずです。

問いに向き合えば、いくつかの選択肢が現れてきます。山下さんはライフプランセミナーできっかけを得て、私の本にも出会ったことで、「地元に戻って会社を買う」という選択肢を手にすることができたのです。

50代エンジニア、町工場を買う

山下さんは自分が買収可能でかつ経営可能な会社を探し始めます。

希望は自分の持つ技術を生かせる製造業でした。

最近急増しているインターネットのM&Aマッチングサイトにも登録して探しましたが、製造業のめぼしい案件にはなかなか出会えませんでした。

そんな山下さんによい会社を紹介してくれたのが、彼の地元の公的機関「事業引継ぎ支援センター（現「事業承継・引継ぎ支援センター」）」でした。

第2章で詳しく説明しますが、事業引継ぎ支援センターには担当地域の売り手となる中小企業と、その地域の会社を買いたい買い手を登録し、マッチングさせるサービスがあります。そこで山下さんの希望とマッチする会社が見つかったのです。

紹介されたのは小規模な製造業であるA製作所でした。産業用機械の部品の加工の一部を請け負っている、いわゆる町工場です。前社長夫妻のほかに職人が7人、事務が1人のこぢんまりした会社でした。

山下さんはその後の会社を買うためのM&Aのプロセスを、事業引継ぎ支援センターの担当者や県の経営支援課の協力を得ながらも一人で進めました（大変なことはたくさんありましたが、詳細についてはここでは略します）。そして晴れてA製作所を買うことができました。山下さんによると、事業引継ぎ支援センターと県が山下さんのM&Aに対して、非常に協力的だったといいます。実はここに、この5年間における大きな変化の一つが含まれています。

「個人の壁」がなくなった

私が中小企業向けの事業承継・事業再生投資ファンド「日本創生投資」を投資予算30億円で創設したのが2016年。その経験をもとに『サラ3』を刊行し、「サラ3サロン」を始めたのが2018年です。その間、日本経済の屋台骨を支える中小企業の後継者不足の深刻さは語られつつも、なかなか社会問題として認識されず、解消に向かう様相が見えないことに私は危機感を覚えていました。

それゆえ私は、『サラ3』で「個人が会社を買わないと日本経済は沈む」と警鐘を鳴らし、個人が会社を買えるようになる環境を整えるため、自らサロンを始めたのです。

サロンには私の本を読んだたくさんのメンバーが集まってくれました。すぐに会社を買うための活動を始めた彼らでしたが、最大の悩みは、「会社を買いたいと言っても、個人だと相手にされない」「事業引継ぎ支援センターに行ったら、個人だからと門前払いされた」といった「個人の壁」でした。

従来、M&Aは事業会社やファンドだけが行うもので、個人がプレーヤーとして参入することはありませんでした。さらに、従来のM&Aで扱われるのは中堅以上の会社で、中小零細企業が売り手として扱われることもありませんでした。

M&Aを手掛ける仲介企業やファイナンシャルアドバイザー（FA）は、M&Aを成立させて初めて仲介料が発生する手数料商売であり、その頃の最低報酬は2000万円ほどでした。それだけの仲介手数料が発生する案件となると、最低でも売り上げ規模で1億円くらいの会社が対象になってしまいます。それゆえ中小零細企業を扱うことは想定されていなかったわけです。

しかし、山下さんの話でわかるように、個人は相手にされず、中小零細企業も売買対象となることのなかったM&A市場は、手前味噌ではありますが、私の本が出た後くらいから徐々に変わり始めました。

サロンを始めてから1年余り過ぎた頃からでしょうか、サロンメンバーはいつしか、「個人だから相手にされない」という愚痴をこぼさなくなりました。

特に、国が中小企業の後継者不足問題の解消を目指す政策を推し進めたことで、公的セクターがその頃から、後継者不在の中小零細企業の買い手として、個人に目をつけて、積極的に取り込もうとするようになった実感があります。

先ほど触れた、個人が中小零細企業を買うスモールM&Aの障壁となっていた高額な仲介料や専門家に払う費用についても、最大400万円まで補助されるようになっています。

そんな流れが強くなるなかで、事業引継ぎ支援センターが山下さんと地元の町工場をマッチングさせるという出会いがあったのです。

自己資金ゼロで買えた

「個人でも会社を買える」と言われたとき、「そんなことはできない」と思う理由の一つに、「会社を買えるほどのお金は持っていない」というものがあります。

断言しますが、それは杞憂《きゆう》です。

山下さんが買ったA製作所は売り上げが年間7000万円、営業利益が700万円ほどの会社でしたが、2015年前後に経営の厳しい時期があり、借金が4000万円ほどと嵩《かさ》んでいました。

経営は持ち直しつつあったものの、2019年に突然、社長が他界します。会社は工場で職人をしていた弟さんが暫定的に引き継いだものの、弟さんには経営を続ける自信も意思もありませんでした。そのため、後継者を探して事業引継ぎ支援センターに登録したという経緯でした。

最終的にA製作所を山下さんは500万円という値段で買い取りました。

この500万円にしても日本政策金融公庫の扱う事業承継者向けの融資（第2章で詳述）

を受けて支払っていますから、山下さんが自分で持ち出したお金はゼロです。

融資を受けた500万円は、A製作所を経営しながらその利益で返していくことになります。つまり、山下さんは自分では1円も出すことなく会社を買ったということです。

さて、山下さんの事業承継について、目ざとい方は気になっているところがあるのではないでしょうか。その疑問はこういうものでしょう。

「A製作所には4000万円もの借金があった。それは山下さんが引き継いだのではないか？」

もっともな疑問です。

これも第2章で詳しく説明しますが、結論から言うと山下さんが個人的に借金を引き継ぐ必要はまったくありませんでした。会社の借金をオーナー経営者が個人的に保証することを「経営者保証」と言いますが、この5年間で経営者保証についての考え方が大きく変わったからです。

現に、A製作所の4000万円の借金には前社長の経営者保証がついており、前社長が亡くなった後、弟さんに引き継がれていました。しかし、山下さんがA製作所を買ったとき、その経営者保証は引き継がれませんでした。それどころか公的制度を利用することで合計1

000万円の運転資金も借りることができました。

なお、山下さんが頼った公的制度のなかには最近になって整えられたものも多く、申請をする側も受け付ける側も不慣れなため、手続きは大変だったそうです。それでも、県の経営支援課の担当者は、「これからは経営者の個人保証を外すのは当たり前になります。絶対に大丈夫なので頑張ってください」と言ってくれて、手取り足取り、手続きを手伝ってくれたといいます。

周りの景色が違って見える

山下さんが『サラ3』を読んで、実際に「会社を買う」という道を選んだことは、著者としてこれ以上の感激はありません。

本を読んでくださった多くの方は、会社を買うことに興味を持ったとしても、山下さんのように一歩踏み出すことは躊躇《ちゅうちょ》したという方が大半だろうと思います。

しかし、山下さんのように一歩だけ踏み出してみると、もう一歩進めそうな気がしてきます。周りの景色も違ってきて、少しずつ楽しくなり、また進んでみます。

そうやって進んでいくと、個人が会社を買う環境がどんどん整っていることがわかってきます。後押しをしてくれる公的機関も出てきました。融資制度も整い、山下さんは自分でお金を1円も出すことなく、会社を買うことができました。大きな懸念点だった経営者保証を引き継ぐこともありませんでした。

山下さんが一歩踏み出した「個人で会社を買う」という道は、道なき道ではなかったのです。それどころかきれいに舗装された、歩きやすい道となっていたのです。

一歩を踏み出して、会社を手に入れた山下さんは、順調な経営を続けています。機械部品の下請け仕事ばかりだったA製作所は、山下さんが技術者としてのスキルを生かして製品を独自開発し、一般消費者向けに販売する試みにも乗り出しました。

「将来は、ユニークな家電製品を生み出す『バルミューダ』のような町工場にしたい。それと同時に、この経験を生かして、また別の会社を買うために動き始めています」

そう語る山下さんは、お金という面でも、生きがいという面でも、意義のある時間を歩み始めているのです。

さあサラリーマンの皆さん、「いますぐ」会社を買いに動き出しましょう。

2023年8月

三戸　政和

いますぐサラリーマンは３００万円で小さな会社を買いなさい／目次

第2章　なぜ、「いますぐ」なのか

第3章 自信を失ったサラリーマンたちへ

第4章　サラリーマンだけが持つ「社長の能力」

第5章　どんな会社を買えばいいのか

第6章　ここを見れば会社の実力がわかる

第7章　会社を買った人たちが語る

第1章　資本家の仲間入りをする近道

国は助けてくれない

いま会社は余っています。いまが会社の買い時です！
〝いますぐ〟サラリーマンは会社を買いなさい‼

私がこの本で伝えたいメッセージはこのことに尽きます。ベストセラー『ＬＩＦＥ ＳＨＩＦＴ──１００年時代の人生戦略』（東洋経済新報社）でリンダ・グラットン教授に「これからの人間は１００年生きる」と突然言われ、世界中が震撼しました。60歳か65歳で収入がストップしたとして30年、40年の余生を何不自由なく暮らせるのだろうかと不安になった皆さんは、どうしたものかと途方に暮れたことでしょう。

私たちが子どもの頃、50代といえばイメージはもうお年寄りの入り口。『サザエさん』ではすっかりおじいちゃんおばあちゃんに描かれている磯野波平さんが54歳、フネさんは52歳です。しかし、いまでは50代は仕事でも遊びでも現役バリバリの世代です。私の周りの諸先輩にも、ジムに行って鍛えている人や、野球やサッカー、バスケ、テニス、格闘技などの激しいスポーツを全力で楽しんでいる人、登山やロッククライミング、スキー・スノーボードやサーフィン、ヨットなどを余暇で楽しんでいる人がたくさんいます。もちろん、仕事はまだいくらでもできるでしょう。

しかし、サラリーマンである限り、もうあと10年もすれば雇用契約は終了。60歳でいったんお疲れさま。もうちょっと働きたい人は再雇用や嘱託という形で給料は大幅に下がり、アルバイトのような扱いをプラス５年。それでサラリーマン人生はリタイアとなります。

残りの人生は、その時点の貯蓄と退職金と年金で死ぬまで暮らしてください。ただ、なかなか死にませんよ。あなたのこれまでのサラリーマン人生と同じだけの時間、余生があるんですよ……という恐ろしいファクトを突きつけられてしまったわけです。


残念ながら国は救ってはくれません。サラリーマンの皆さんがお年寄りになる頃、国民の貯蓄と年金、福祉が十分であると予想しているまともな学者はおそらく一人としていないでしょう。

２０１９年に「老後に２０００万円の資金が必要である」との資料が、金融庁のワーキング・グループからメディアに流れ、日本中が騒然となりました。

元データは厚生労働省によるもので、夫65歳以上、妻60歳以上の無職世帯の収支は、収入月20万９１９８円に対して、支出26万３７１８円。つまり毎月約５万４５２０円の赤字となり、夫が95歳になるまでの30年間で約2000万円の不足になるとの計算でした。

2000万円では足りない

皆さんは2000万円の貯金を持っていますか。

それくらいは持っているという方は一安心したでしょうし、持っていない方は65歳までに2000万円を貯めなければと焦っているかもしれません。

ただ、私は、それなりに豊かな生活を退職後の30年続けたければ、2000万円では足りないと思います。

考えてみてください。金融庁がモデルケースにした、夫婦で月約26万4000円の支出というのは、大卒の初任給2人分よりはるかに少ない額です。

50代後半に1000万円ぐらいの年収で生活していた人が、そこまで生活水準を落とすことができるものでしょうか。

それに、金融庁の示した数字は厚生年金に加入していた人の事例です。月々6万円ほどしか年金が支給されない国民年金のみの人の生活は本当にどうなってしまうのでしょうか。

もちろん、国には頼れません。実際、財務大臣はこの報告書の受け取りを拒否しました。

見なかったことにしたのです。言い換えれば、「足りない分はなんとか自分で稼いで貯めてください」というスタンスです。

国がやってくれる施策はせいぜい、税制優遇してあげるから自己責任でつみたてNISAや海外ファンドで積み立て投資してください、というぐらい。確かに、積み立て投資もやらないよりはやったほうがいいと思いますが、要するに自分のことは自分でなんとかしなければならない時代なのです。

日本の生産年齢人口（15〜64歳）比率が劇的に下がっていく未来が決定づけられている以上、日本の経済は完全に手詰まりです。

2025年に日本の65歳以上の人口は3割を超えます。2040年には生産年齢人口比率はおよそ5割に減ります。20年後、日本はいまのような経済レベルを維持できているかどうか、極めて怪しいと考えざるを得ません。

それに加えて、日本の出生率の低さは世界一です。少子高齢化率も世界ワーストクラスで、人類史上初の超高齢国家になります。もしかすると新たな時代の新たな貧困国のモデルとなるかもしれません。そんな時代に、自分が「年金以外に収入のない老人」でいるなんて、想像するだけでも恐ろしくはないでしょうか。

私は恐ろしくてたまりません。

株や不動産投資より低リスク

私個人の感覚としては、65歳でローンのない持ち家と1億円の貯金があればリタイアしてもいいと思います。

仮にその1億円をまったく運用せず、切り崩していったとして、95歳までの残りの30年で割れば、月々28万円ほどになります。そこに年金20万円が入ってくるなら、合わせて48万円ほど。それだけあれば、それなりに余裕のある暮らしができそうです。

とはいえ、年収ベースで考えれば573万円ほどですから、さほど贅沢《ぜいたく》ができるわけではないこともおわかりいただけるでしょう。

「夫婦で月々40万円以上も使うなんて贅沢だ、20万円くらいあれば十分だ」と言う方もおられるかもしれません。しかし、夫婦で20万円の生活では、おそらく旅行にも外食にも行けないでしょう。趣味にもお金を使えません。スーパーでも値段を気にして好きなものを買えない。そんな暮らしはなるべくしたくないものです。

「じゃあどうすればいいんだ。いまから1億円貯めるなんて無理だ。三戸はいったい何が言いたいんだ」

そんな声が聞こえてきそうです。その答えがこの本です。

３００万円を投資して会社を買い、１億円を報酬として回収するのはそれほど難しいことではありません。事実、中小企業経営者の平均年収は、中小企業庁や民間のデータなどによると、１７００万円ほどになります。そんな会社を買って10年ほど経営すればいいのです。

それどころか、その間に会社を成長させたり、次の人が買いやすい会社にしたりして売却すれば、売却代金が１億円を超えることも珍しいことではありません。つまり、１億円の報酬に加えて、さらに億単位のボーナスを手にすることも可能なのです。そういう投資をしませんかということです。

サラリーマンが他に１億円の貯金を作れる方法があるのならそれでもよいですが、株や不動産に投資して数百万円程度の元手を１億円にするのは、投資家としてかなりのノウハウが必要ですし、リスクも高い。実現性は低いと思います。

資産と資本の違いを知る

「はじめに」で紹介した前作の序章で私は、世の中の資産家の多くは「資本家」である、雇われ人から資本家の側に回ることで、残りの人生を裕福に過ごすことができるとお伝えしました。前作の刊行から5年経ちましたが、その事実に変わりはありません。

ここで資産と資本の違いを簡単に説明しましょう。

資産とは、持っているお金（不動産や株や投資信託など現金以外も含む）のこと。

資本とは、新しいお金を生むための元手となっているお金のことを指します。

つまり、資産はそのままではあまり変化しませんが、資本はお金を稼いでくれます。

最終的な目標は資産家になるということでよいのですが、もともと資産家でない人が資産家になるためには、資本家になるしか他に方法がありません。

いくら大企業の社長であっても、資本を持たない雇われ社長は本当の意味での資産家にはなれません。そのことを示す最新の資産家ランキングを見てみましょう。

「Forbes JAPAN」が発表（２０２２年６月）した「日本長者番付２０２２」の上位20人（一族を含む）は左の表のようになっています。


このランキングを見ると、いくつかのことが読み取れます。

一つは5年前の前作でも指摘したとおり、この大富豪ランキングと日本の企業規模（時価総額）ランキングはほとんど被《かぶ》らないということです。

このランキングに名前が挙がった富豪のうち、彼らがトップにいる企業で日本の時価総額

日本長者番付2022

順位	氏名	企業名	総資産
1位	柳井 正	ファーストリテイリング	3兆500億円
2位	滝崎武光	キーエンス	2兆7920億円
3位	孫 正義	ソフトバンク	2兆7270億円
4位	佐治信忠	サントリーホールディングス	1兆2020億円
5位	高原豪久	ユニ・チャーム	8270億円
6位	永守重信	日本電産（現・ニデック）	5950億円
7位	三木谷浩史	楽天	5690億円
8位	伊藤雅俊	セブン&アイ・ホールディングス	5620億円
9位	毒島秀行	SANKYO	5430億円
10位	野田順弘	オービック	4520億円
11位	森 章	森トラスト	4140億円
12位	重田康光	光通信	4010億円
13位	三木正浩	ABCマート	3880億円
14位	似鳥昭雄	ニトリホールディングス	3750億円
15位	安田隆夫	パン・パシフィック・インターナショナルホールディングス	3360億円
16位	襟川陽一・恵子	コーエーテクモホールディングス	3230億円
17位	多田勝美	大東建託	3100億円
18位	小林一俊・孝雄・正典	コーセー	2970億円
19位	大塚裕司	大塚商会	2840億円
20位	関家一家	ディスコ	2590億円

「Forbes JAPAN」調べ

ランキング（2022年6月30日時点）上位20社に入っていたのは、キーエンス（3位）、ソフトバンクグループ（7位）およびソフトバンク（10位）、ファーストリテイリング（9位）の3社だけです。

つまり、大企業の社長＝大富豪ではないということを知っておいてください。

この大富豪ランキングの上位20人は全員、これらの企業の筆頭株主であり、創業家です。企業の株式を持っている＝資本家だからこそ、大きな資産を形成することができたのです。

5年で1兆円を増やした柳井氏

もう一つ気づくことがあります。それは前回の著書からわずか5年で、上位陣はほぼ軒並み資産を大きく増やしているということです。5年前の同じランキングを見てみましょう。

2022年1位（2017年2位）のファーストリテイリングの柳井正《やないただし》さんは、なんと5年間で1兆2300億円も資産を増やしています。同じく2位（同4位）のキーエンスの滝崎武光《たきざきたけみつ》さんも1兆4040億円の資産を増やしています。この二人が、たった5年で1兆円以上も資産を増やしたという事実には驚くほかありません。

他にも、ソフトバンクの孫正義《そんまさよし》さんは4630億円のアップ、ユニ・チャームの高原《たかはら》家は

日本長者番付2017

順位	氏名	企業名	総資産
1位	孫 正義	ソフトバンク	2兆2640億円
2位	柳井 正	ファーストリテイリング	1兆8200億円
3位	佐治信忠	サントリーホールディングス	1兆4650億円
4位	滝崎武光	キーエンス	1兆3880億円
5位	三木谷浩史	楽天	6770億円
6位	高原慶一朗	ユニ・チャーム	5000億円
7位	森 章	森トラスト	4880億円
8位	毒島秀行	SANKYO	4660億円
9位	伊藤雅俊	セブン&アイ・ホールディングス	4100億円
10位	三木正浩	ABCマート	4050億円
11位	韓 昌祐	マルハン	4000億円
12位	永守重信	日本電産	3890億円
13位	似鳥昭雄	ニトリホールディングス	3660億円
14位	前澤友作	スタートトゥデイ	3330億円
15位	重田康光	光通信	3310億円
16位	森 佳子（森稔夫人）	森ビル	2890億円
17位	木下盛好一家	アコム	2600億円
18位	岡田和生	ユニバーサルエンターテインメント	2440億円
19位	小林一俊・孝雄・正典	コーセー	2260億円
20位	大塚実・裕司	大塚商会	2150億円

「Forbes JAPAN」調べ

創業者の高原慶一朗《けいいちろう》さんが亡くなり息子の豪久《たかひさ》さんに代替わりしたにもかかわらず３２７０億円のアップ、セブン＆アイ・ホールディングスの伊藤雅俊《いとうまさとし》さん（２０２３年３月逝去）は１５２０億円のアップなど、多くの富豪がこの5年で資産を大きく膨らませています。

資産は資本家に集中する

なぜ、わずか5年でこんなにも資産を増やすことができるのでしょうか。

それは彼らが資本家だからです。どんな大企業の社長といえども、5年で数百億円も数千億円も役員報酬をもらうことはできません。たちまち株主に文句を言われてしまいます。しかし、株式の配当金を出すことに文句を言う株主はいません。資本家は、役員報酬の他に株式の配当金をもらえるという点がポイントです。

ちなみに、２０２１年度の孫さんの役員報酬（給料）は1億円なのに対し、配当報酬は約２００億円、柳井さんの役員報酬は4億円なのに対し、配当報酬は約１００億円だそうです。資本の力がいかにすごいかがわかると思います。

フランスの経済学者、トマ・ピケティが書いた『21世紀の資本』（みすず書房）は全世界に大きな問題提起をしました。ここ30～40年ほどで不平等が拡大し、戦前の状態に戻っているというのです。

戦前のアメリカはとても不平等な社会で、上位1％の富裕層の所得総額を見ると、1930年ごろでは、アメリカの全所得の20％に相当していました。第二次世界大戦後にこの数字は6〜8％程度にまで下がり、格差が縮まったものの、1980年台後半からまた上昇を始め、2010年には再び20％にまで達していると同書は指摘しました。

それから10年、格差はさらに拡大しつづけています。

ピケティらが運営する世界不平等研究所が発表した「世界不平等レポート2022」によれば、世界の上位1％の富裕層が持つ総資産は2021年、世界全体の個人資産の37・8％を占めています。さらに、世界の上位0・1％が、世界の19・4％の資産を持っているというのです。対照的に、世界の下位50％が持つ資産をすべて合わせても、世界全体の資産の2％に過ぎないというから驚きです。

言い換えれば、100人に1人の資産家が全世界の富のおよそ4割を持っており、100人に1人の資産家は全世界の富のおよそ2割を持っているということです。

資本にお金を稼いでもらう

かつては一億総中流社会と言われた日本でも、格差は広がっています。

日本では、資産1億円以上を持つ世帯を富裕層と呼び、資産5億円以上を持つ世帯を超富裕層と呼びます。2021年のデータを元にした野村総合研究所の試算では、日本の資産1億円以上の富裕層の割合は約2・6％（139・5万世帯）で、彼らが持つ資産は全体の約15・9％だそうです。さらに、資産5億円以上の超富裕層の割合は0・2％（9・0万世帯）で、彼らが持つ資産は全体の約6・4％だといいます。

ちなみに私が5年前に前作を書いたときには、日本の富裕層の割合は2・2％（121・7万世帯）で、超富裕層は0・14％（7・3万世帯）でした。わずかの間に富裕層、超富裕層の比率は確実に増えています。日本でも格差が広がっていることが読み取れます。

なぜ格差は広がるのか。理由は簡単です。資本のない人は基本的に給料からお金を貯める以外にお金を増やす方法がありませんが、資産家は資本家になることで働かなくてもお金を増やすことができるからです。

ピケティは『21世紀の資本』のなかで、「r＞g」というシンプルな不等式を紹介しています。

rは資本収益率、gは経済成長率のことです。資本収益率は、投資した資本からどれだけ収益が上がるかということを示しています。経済成長率は、労働によって得られる対価と比例します。つまり、資本への投資によって得られる富は、労働によって得られる富よりも成長が早いことを意味します。要するに、給料を貯めるより資本を元手にお金を稼ぐほうが圧倒的に裕福になれるということです。

会社は「作る」より「買う」

資本家になることができれば、資産１億円を超える上位２・６％の富裕層に入ることはまったく難しいことではありませんし、資産５億円を超える上位０・２％の超富裕層に入ることも、不可能なことではありません。実際に、私が取り扱っているミドル・スモールＭ＆Ａの業界では、ごく普通の学歴で、ごく普通に中小零細企業を経営してきて、引退の頃合いを感じて売却する際に、数億円で売却している方はザラにいます。

ピケティはこうした貧富の格差が広がる構造は不平等だと批判し、累進課税をもっと強めるべきであると説いています。

社会全体のことを考えればそのほうがいいのかもしれません。しかし、私たちはルールを変えることができる立場にはいません。与えられたルールで生きていく限り、そのルールのもとで自分たちの資産を作り、生きていかなければならないのが現実です。

だったら、資本家になりましょう。労働者側に立つのではなく、資本家になる。それはつまり、会社の株主になるということです。

それこそが、前作から私が繰り返しお伝えしていることです。

では、どうすれば普通のサラリーマンが資本家（＝株主）になれるのか。

自分の親が会社のオーナーであるとか、オーナーの息子・娘と結婚するといったことでもない限り、サラリーマンが資本家になる方法は二つしかありません。一つは会社を作ること。もう一つは会社を買うことです。

会社を買う起業というのはアメリカでは一般的になっており、1980年代、のちにスタンフォード大学の教授となるアーヴィング・グラウスベックが、ハーバード・ビジネススクールで「サーチファンド」という概念を発案しました。

これは、アントレプレナーシップは「ゼロイチ（何もないゼロの状態から会社を作ること）」の起業だけではなく、買収を通じた起業（ETA：Entrepreneurship through Acquisition）も有効だということをベースに生み出されたファンドです。サーチファンドはETAを目指すMBA（経営学修士）生を中心に資金提供をしており、長年にわたり高いパフォーマンスを上げています。

今後は日本でもサーチファンドを活用した企業買収が増えるとみられ、2019年に山口銀行を中核とする山口フィナンシャルグループが参入したのを皮切りに、2022年には福井県が自治体として初めてサーチファンドの活用を始めました。

私が起業よりも会社を買うことをお勧めする理由はごくごくシンプルです。資本金300万円で会社を作って、その会社を順調に成長させ、上場して大成功できればいいですが、その確率は1000に3つ。これは前作から繰り返し言っていることです。起業して成功できる人はほんのひと握りです。断言しますが、起業して成功するノウハウを、ほとんどのサラリーマンは持っていません。まったくの未経験からのスタートです。

しかし、もともとある会社を買って経営するノウハウは、もしあなたが大手・中堅企業のサラリーマンだったとしたら……すでに持っているのです。自分がノウハウを持っていることに気づいていないサラリーマンがいかに多いことか。私にはみすみす資本家になるチャンスを逃しているようにしか思えません。

上手に会社を買い、5年から10年経営し、売却まで見据えれば、あなたも富裕層のさらに上、超富裕層に到達できる可能性が大きく広がります。

いまはサラリーマンであるあなたが、5億円の資産を築くのは、それほど特別なことではないのです。まして1億円超の資産を持つ富裕層になることは、オーナー社長になれば、まったく難しいことではありません。

オーナー社長には定年退職がありませんし、何歳で会社を買って社長になっても、いつまで社長として働いても自由です。50歳で会社を買って70歳まで社長や会長を務めてもよいですし、60歳で買って80歳まで務めてもよいでしょう。

社長は激務、そんな高齢まで働きたくないと思っている人が多いかもしれませんが、会社が回る仕組み、儲かる仕組みをうまく作ってしまえば、はっきり言って社長の仕事は午前中で終わってしまいます。

週に1回程度の出勤でも会社は回ります。生活にハリが出て、話し相手もできて、会社の経費で接待交際も可能です。いいことずくめだと私は思います。70歳、80歳までオーナー社長をやって数億円を手にすれば、残りの人生は悠々自適でしょう。

そんなうまい話があるわけがない、成功するのはごく一部の人だけだろう。そう考えている人もいると思います。しかし、私の周りには会社を買ってオーナー社長になり、成功している人が次々と登場しているのです。元サラリーマンの方もいれば、副業としてオーナー社長になった現役サラリーマンもいます。

次章では、資本家を目指すサラリーマンにとって「いまが最大にして最後のチャンス」であることをお伝えしていこうと思います。

第2章

なぜ、「いますぐ」なのか

コロナで潮目が変わった!

すでにご説明したように、私は2018年に『サラリーマンは300万円で小さな会社を買いなさい』という本を書きました。私の思いはこのタイトルにすべて詰まっていますし、それはいまも変わりません。ただし今回、本書を出版するにあたり、前作のタイトルに一つの言葉を加えました。そう、「いますぐ」という言葉です。

焦らせるつもりで言っているわけではないことはご了承ください。実際に会社を買うときには、よく考えて業種を選び、会社をしっかりと吟味しなければいけません。場合によっては一定期間、従業員として実際に働いてみて、そのうえで買収するかどうか見極めるというステップを踏むことも必要かもしれません。どんな会社でもいいから、いますぐ買えというわけではないことを最初にお伝えしておきます。

ではなぜ、本書のタイトルにあえて「いますぐ」と加えたのか。

それは5年前に前作を刊行したときと比べて、いまのほうがはるかに企業買収のための条件が整ったからです。

まず、スモールM&Aに限っては、売り手が多いのに買い手が少ない状況は大きく変わらず、買い手市場になっています。これは会社を割安に買える可能性が高いということです。一方でスモールM＆Aの市場が整い、売りに出ている会社の情報がはるかに手に入りやすくなりました。

つまり、「まさに、いまが買い時」なのです。

そして、それに気づいた人たちは、この買い時を逃さないよう動き出しています。

それはデータにも表れてきています。

帝国データバンクが作成している「全国企業『後継者不在率』動向調査」によれば、前作を出した2018年は、国内企業のうちおよそ3分の2にあたる66・4％の会社が後継者不在の状態にありました。

しかしその後、後継者不在問題は少しずつ改善され、特に新型コロナの大流行が始まった2020年から一気に減少しています。

「2022年の全国・全業種約27万社の後継者不在率は57・2％となり、コロナ前の2019年からは8・0pt、21年の不在率61・5％からも4・3pt低下し、5年連続で不在率が低下した。また、調査を開始した11年以降、後継者不在率は初めて60％を下回った」（2022年調査）のです。

ます。

後継者は「子」より「非同族」

さらに、この調査（2022年）にはM&Aが活況になってきているという数字も出ています。

「2022年の代表者の就任経緯では、買収や出向を中心にした『M&Aほか』の割合が20・3%と、調査開始以降で初めて2割を超えた。具体的な後継候補では、最も高いのは『非同族』の36・1%で、前年を2・9pt上回った。2011年の調査以降、後継者候補は『子供』の割合が最も高い状態が続いてきたものの、初めて『非同族』が首位となった」とあります。

同調査はその原因についても言及しています。

「コロナ禍という未曽有の危機のなかで、コロナ関連融資の借り入れも含め、自社事業の将来性に改めて向き合った中小企業は多いとされる。こうしたなか、地域金融機関をはじめ事業承継の相談窓口が全国に普及したほか、第三者へのM&Aや事業譲渡、ファンドを経由した経営再建併用の事業承継など、プル・プッシュ型を問わず事業承継メニューが全国的に整ったことも、後継者問題解決・改善の前進に大きく寄与した」

これは、スモールM&Aの環境が整い、実際に第三者によるスモールM&Aがこの2年で加速したということを示しています。私が前作で予測していたことが、一気に現実になり始めているのが、いまなのです。何事も、大きな動きの初期に動いた人が、成功を手にするものです。

ちなみに前作ではサラリーマンの方を念頭に「小さな会社を買う」ことを強調するため「個人M&A」という表現を多用しましたが、法人が「小さな会社を買う」ことも多くあります。本書では、社会問題を解決するという観点で語る際は「スモールM&A」、サラリーマンのキャリア問題という観点で語る際は「個人M&A」という用語を使用することとします。

経営者保証という足枷

なぜ「いま」なのか。企業買収のための条件が整ったということを示す三つの話をしましょう。

一つめは、経営者保証が明確に外せるようになったことです。

経営者保証とは、中小企業が金融機関から融資を受ける際に、経営者個人が会社の連帯保証人になることを言います。会社の返済が滞ったり、倒産してしまったりした場合に、経営者が個人の土地や家などを処分して返済に充てなくてはならないというものです。この経営者保証はいま、つけなくてよいものになっています。

そもそも中小企業の借り入れは、株主であるオーナー社長の私的な資金利用があっても見分けがつきにくい性質があります。そのため、銀行としては貸し付けたお金が社長に個人的に流用されることを懸念し、会社だけでなく、オーナー社長個人にも保証を要求してきました。しかし、私的な資金利用がないのであれば、個人が連帯保証をする理由はなくなります。

実際、オーナー企業を除く大企業では経営陣が雇われている立場で、株主と切り離されており、企業として借り入れた資金を経営陣が私的に流用することは難しいので、個人保証をすることはありません。

ちなみに、会社経営をしたことがない人のなかには、借り入れをあまりよくないことだと思う人も多くいますが、企業が設備投資や原材料を買うために借り入れをするのは、いたって正常な経済活動です。企業は手持ちの資金だけでやりくりして事業をしていても、なかなか会社を大きくすることはできず、新たな雇用を生むこともできないので、社会的に見てプラスになりません。無借金経営が美徳などとは私は思いません。

経営者保証は日本経済にとっても大きなマイナスです。企業は借り入れ金を使って投資をしなければなかなか大きくならないし、事業から出る利益だけを投資に回して大きくなっていくには長い時間がかかります。投資のための積極的な借り入れは、むしろ社会にとっては善なのです。

日本に存在する会社のうち、99％以上が中小企業です。そして、中小企業の多くが後継者問題に悩まされてきました。後継者問題のもっとも大きな原因の一つは、経営者保証だと断言します。子どもや従業員が会社を継ぎたがらない理由は、経営者保証を引き継ぎたくない、引き継がせたくなかったからです。

私の投資ファンドがお手伝いしたケースでも、社長である父親が過剰な債務を抱えていて、息子がその債務に個人保証をするなら引き継がないと言っていた最中に、父親が亡くなってしまった会社がありました。１億円くらいの黒字なのにこれでは廃業するしかありません。そこで我々がスキームを作り、債権を適正サイズにすることで息子が事業承継を了承したのですが、このような会社は日本にたくさんあります。

個人で借金を背負う必要なし

もちろん、読者の皆さんも会社を買う際に、経営者保証を引き継ぎたくはないでしょう。

しかし、経営者保証は廃止される方向に進み、２０１３年に、金融機関の組織である全国銀行協会によって「経営者保証に関するガイドライン」が作られました。これは、

「資産の所有やお金のやりとりに関して、法人と経営者が明確に区分・分離されている」

「財務基盤が強化されており、法人のみの資産や収益力で返済が可能である」

「金融機関に対し、適時適切に財務情報が開示されている」

という三つの条件を満たす際には、経営者保証をつけなくてもよいというガイドラインです。

これらは全国銀行協会のホームページにもはっきりと明記されています。2013年と言えば、私が前作を書いた2018年より5年も前のことです。当然、前作でも「新規の借入れの際に、経営者保証はしなくてもよいものになっている。また、借入金のある会社を買う際に前オーナーが結ばされていた経営者保証は引き継がなくてもよいことになっている」旨の説明をしています。

それは誤りではないのですが、実際のところ、経営者保証をつけることを融資の条件にするかどうかは銀行に決定権がありました。中小企業庁のホームページには、こう書かれています。

「(経営者保証に関するガイドラインは、)『中小企業、経営者、金融機関共通の自主的なルール』と位置付けられており、法的な拘束力はないが、関係者が自発的に尊重し、遵守することが期待されている。経営者保証を解除するかどうかの最終的な判断は、金融機関にゆだねられる」

つまり、ガイドラインに反して経営者保証をつけることを銀行から求められるケースがあったわけです。

しかし、この間、国も経営者保証の廃止を推し進めてきました。

2022年12月には、金融庁が経済産業省・財務省と連携し、「経営者保証改革プログラム」というものを策定しました。

これによると、経営者保証を完全に禁止したわけではないのですが、金融機関が経営者保証を求める場合には、かなり厳しい条件が課されることになりました。

金融機関から経営者保証を要求された場合には、その明確な理由を求めることができ、その理由が正当だと思えない場合には、金融庁に2023年4月に新設された経営者保証専用相談窓口に相談することができるようになったのです。

これはすなわち、前社長が経営者保証をしてお金を借り入れていた状態で会社を買収する場合には、その経営者保証を外すことができるということです。

具体的に説明すれば、購入したい会社について、前社長が、

「資産の所有やお金のやりとりに関して、法人と経営者が明確に区分・分離されている」

「財務基盤が強化されており、法人のみの資産や収益力で返済が可能である」
「金融機関に対し、適時適切に財務情報が開示されている」

という先の条件を満たしていないような場合でも、会社を購入する際には、法人と経営者が明確に区分されます。それに返済能力がない（＝財務基盤が弱い）会社を買う必要はなく、銀行に適切に業績を開示すればいいわけですから、スモールM&Aのプロセスで経営者保障は外せるのです。実際に私のサロンのメンバーも事業承継後に経営者保証を外してもらっている人が増えてきました。

さらには、政府系金融機関である日本政策金融公庫が取り扱う事業承継融資では「事業承継に際して経営者個人保証の免除等を取引金融機関に申し入れたことを契機に取引金融機関からの資金調達が困難となっている方であって、公庫が貸付けに際して経営者個人保証を免除する方」という貸付プログラムも準備されました（具体的には後述します）。

これらの打ち手をすべて打ったとしても、どうしても経営者保証を外すことができない場合は、よほど財務状態がよくない会社である可能性が高いので、その会社を買うのはやめたほうが賢明でしょう。

これからのスモールM&Aにおいて経営者保証は不要。それが基本です。

特例で最大10億円まで借りられる

なぜ「いま」なのか。二つめは、買収および会社の立て直しに必要な資金調達が非常にしやすくなったことです。なんと、個人保証なしに特例の低金利で最大10億円程度借り入れられる環境が整ったのです。

２０２１年８月、事業承継の円滑化を目的に、「中小企業における経営の承継の円滑化に関する法律」（経営承継円滑化法）が改正施行されました。

この法律では以下の支援について触れています。

(1)税制支援（贈与税・相続税の納税猶予及び免除制度）の前提となる認定
(2)金融支援（中小企業信用保険法の特例、日本政策金融公庫法等の特例）の前提となる認定
(3)遺留分に関する民法の特例
(4)所在不明株主に関する会社法の特例の前提となる認定

もう少し簡単に解説しましょう。

(1)は、会社の株式などの資産の贈与や相続を受けた場合に、贈与税や相続税が猶予された

り免除されたりするというものです。

⑵は、事業承継の際に必要となる資金について、都道府県知事の認定を受けることを前提に、中小企業信用保険法の特例と日本政策金融公庫の特例融資を受けることができます。

⑶は、相続の際に前オーナーの子やきょうだいなどに発生する遺留分が放棄されることを認めるという内容です。

⑷は、会社の株主が前オーナーの他にもいて、その所在が不明の場合に、その株式を短期に買い取ることを可能にするというものです。

このなかでも特に重要なのは、⑵に書かれている特例融資です。日本政策金融公庫には、特例融資として、「事業承継・集約・活性化支援資金」というものがあります。

これは、「地域経済の産業活動の維持・発展のために、事業の譲渡、株式の譲渡、合併などにより経済的または社会的に有用な事業や企業を承継・集約化する中小企業者の資金調達の円滑化を支援」するものです。

この制度では、企業買収にかかるお金だけでなく、そのタイミングで設備を新しくしたり、工場などを拡張したりする資金はもちろん、その後の運転資金として必要なお金も、上限2・5％という低い金利で、7億2000万円まで借り入れることができるのです。もちろん、経営者保証はつきませんが（註・買収用の特別目的会社を経由する必要がありますが、繁雑な話になるので説明は省略します）。

これに加えて、日本政策金融公庫は、政府系金融機関でもあるので、民業圧迫にならないように民間金融機関からの協調融資を求められます。日本政策金融公庫が制度上限の7億円余を融資してくれるのであれば、民間金融機関はその3割程度の協調融資が必要というのが業界の慣習ですので、最大で合計約10億円の借り入れを起こすことも可能になったのです。

また、経営者個人保証を取らない金融機関は、あなたの経営能力だけを見るのではなく、買収対象となる企業の与信を中心に見るわけですから、万一、10億円の融資を受けて買った会社がうまくいかなくなったとしても、会社を畳んで残ったお金で清算すれば、理論的にはお互い様ということになるわけです。

1円でも会社は買える

10億円という具体的な金額が出てきたので、ここで少し脱線することをお許しください。

本シリーズのタイトル『サラリーマンは300万円で小さな会社を買いなさい』の「300万円」の意味について触れておきます。300万円という金額は、あくまでキャッチコピーであって、300万円の自己資金を用意し、300万円程度で売りに出ている会社を買いなさいということではありません。

そう書くと、「やっぱり三戸は適当なことを言っていたのか。300万円で買える会社なんてロクなものがないんだろう」と思われるかもしれませんが、そうではありません。

300万円あれば買える会社はたくさんあります。それどころか100万円でも、10万円でも、なんなら1円でも買える会社は存在します。

たとえば、私の「サラ3サロン」に通っているメンバーに会計士Pさんがいます。この方は大手の監査法人を10年ほど前にお辞めになって独立された方です。Pさんは、200万円で貸し会議室を運営する会社を買いました。

本業があるので時間をあまり取られず、横展開が可能な業種ということで、コインランドリーや民泊の会社を探すなかで貸し会議室の会社に目をつけたわけです。

机や椅子といった備品と予約サイトのIDなど運営の仕組み一式、それらに紐づく既存顧客を譲り受けています。その時点でこの会社の収支状況は売り上げが月17万円ほど、利益が月4万円くらいだったといいます。

Pさんによれば、会議室全体の稼働率は5割くらいで深夜は基本的にゼロ、午前中は平日の利用がごくわずかで土日は5割、午後は平日の日中が5割で土日が約7割。夜は平日の稼働率がよく、土日は少なかったそうです。

そこで、買収後に稼働率が低かった深夜の利用料と平日の午前中の利用料を値下げしました。それにより、深夜は仮眠用に会議室を利用する人が増えて、稼働率が上がりました。

次に販促の一環として、リピーター確保のために、会議室に名刺サイズのパンフレットを用意。そこにQRコードと半額オフクーポンをつけました。QRコードを読み取れば、そのまま予約サイトへ飛べるようにしたのです。さらに定期利用は20％引きというお知らせもつけました。もう一つ、新規利用者獲得のためにA4サイズのチラシを用意。業者を使って、会議室付近のオフィスエリアにポスティングしてもらったそうです。

この買収のいいところは、金銭的リスクがほとんどないところです。

何もしなくても現状で月に4万円の利益があるので、保守的に見積もって年に30万円くらいの利益は出る。そこから税金を引かれて税引き後利益が約20万円になる。200万円の投資額は10年で回収できる計算です。

これは現状のまま続けると、という前提ですので、稼働率が少しでも上がれば実際の回収期間はもっと短くなり、そこが伸び代となります。

最初に200万円を出して、その後はほぼ放置しておくだけで最低でも毎年20万円の利益が出るなら、サラリーマンの方が副業でもできそうですよね。

しかも、Pさんは、貸し会議室運営のノウハウを身につけ、1号店の場所があまりよくないことにも気づき、2店舗目を人通りの多い場所に出店したことで、倍以上の利益が出るようになっています。

「300万円で会社を買う」ということをリアルに感じていただけたでしょうか。

営業利益ゼロの会社を買う意味

M&Aの市場では、明確なルールではありませんが、会社の値段を決めるときは、

株式価値（買収価格）＝純資産＋営業利益3〜5年分

という計算式を一つの目安としています。

純資産というのは、会社が保有している資産から負債を引いたものですが、長年経営されている中小企業では、資産は減価償却が終わっていてほとんどなく、借り入れが結構大きいので純資産が薄い。営業利益もほとんどないという会社はたくさん存在します。この計算式をもとに考えれば、そうした会社を買う場合は1円でも交渉できます。

純資産も営業利益もない会社を買って意味があるのかという意見があるかもしれませんが、役員報酬がきちんと支払われていて営業利益がゼロという場合は、オーナー社長になれ

ば会社からそれなりの役員報酬を得ることができるケースもあるので、労働収入（オーナーとしての報酬ではなく、自分が働いて得るお金）にはなりますが、一定の意味はあります。

さらに、買収後に経営のテコ入れをすれば営業利益が上がる可能性もあるので、〝買い〟の会社は1円でもちゃんと存在するのです。

それだけではなく、先ほど紹介した制度を使えば、借入金で億単位の会社を買うことができるわけですから、自己資金1円でも手元資金だけで会社を買うことができます。とはいえ、書籍のタイトルに「1億円」「1円」と謳ってもサラリーマンの方は混乱するだけだろうと思ったので、イメージしやすい金額として「300万円」という金額を出したわけです。

ちなみに、手元資金300万円だけで会社を買おうと考えた場合、家族+アルバイトぐらいの規模の小さな会社をイメージされるかもしれませんが、借り入れも組み合わせれば従業員数十人～100人規模、売上高数億～数十億円規模の中小企業を買うことも十分できます。

M&Aマッチングサービス

なぜ「いま」なのか。三つめは、情報面の変化です。スモールM&Aの市場が整ってきて、売り案件の情報が格段に手に入りやすくなりました。

5年前に中小企業を買おうとすると、M&A仲介会社を間に入れて交渉するというのが一般的でした。

M&A仲介会社には上場している数社や、そこから独立して上場を目指すような会社があり、こうした仲介会社は効率的に仲介手数料を稼がなければいけませんから、仲介対象となる会社も規模が大きくなりがちです。売上高数億～100億円程度の会社がメインで、購入するにも億単位の資金が必要になります。私がお勧めするような小さな会社の個人売買の仲介はメイン業務ではありません。

先述した事業承継融資を使えば問題なく買えるのですが、手元の300万円ほどの資金だけで小さな会社を買いたい場合は、「どうやって、そういう会社を見つけたらいいのか」という課題がありました。

そうした課題を解決する方法の一つとして、前作ではスモールM&Aのマッチングサイトを運営している「TRANBI《トランビ》」という会社を紹介しました。同社はその後成長し、いまはユーザー数や案件数、成約数ともに国内最大級のM&Aマッチングサービスを提供しています。

試しにいま（2023年6月15日）、同社のサイトを見てみましたが、エステサロン、旅館業、ペットショップ、焼肉店、ベビー服のEC事業、学習塾、コワーキングスペース、コインランドリー、内科クリニック、計測機器製造会社、パーソナルジム等々、売却希望価格500万円以下の会社が1000件以上も掲載されています。

また、TRANBIを皮切りに、日本最大のM&A仲介会社である日本M&Aセンターが「BATONZ《バトンズ》」というプラットフォームを運営し、人材紹介のビズリーチも「M&A SUCCEED《サクシード》」というプラットフォームを始めています。これら以外にも、この5年で雨後の筍のようにスモールM&Aのプラットフォームができており、中古車買い取りの「カーネクスト」を運営する会社が、「M&A-WEB」というM&Aプラットフォーム自体をM&Aするという動きまで出てきています。

わずか5年でここまで変わった

これら複数の会社のサイトから目当ての会社を探すことができるようになったのは、ここ数年のことです。それまでは、こういった情報は一般の人が簡単に得ることはできない、金融機関や仲介会社、同業会社や一部の資産家だけが持ち得る情報でした。それがいまや誰でも簡単にアクセスできるのです。

しかも、「reley《リレイ》」というサイトでは、売り案件のオーナー社長へのインタビュー記事がずらりと掲載されています。これも大きな変化です。そもそもM&Aの売り案件の情報というのは、具体的な社名が特定できないように、できる限り情報は隠されているというのが当たり前でした。売りに出していることがバレると、取引先や従業員、金融機関などからの信用不安が起こることが懸念されたからです。

しかし、スモールM&Aが根付いてきたことで、いまでは会社を売ることに対するネガティブなイメージがかなり薄れています。

実際、このサイトでは社長が顔出しで事業内容や会社を売ることになった経緯などを語っており、社名や社内の写真も掲載されています。前作執筆時にはまず考えられなかったことで、わずか5年とはいえ隔世の感があります。

ただ、こうしたスモールM&Aマッチングサービスの会社が急増しているとはいえ、ネットリテラシーの高くない70～80代の中小企業経営者が簡単に使えるかというとハードルの高い面もあります。大廃業時代と呼ばれる100万社超の事業承継問題を一気に解決するには、まだまだ十分とは言えません。また、大手M&A仲介会社に比べればかなり少ない額ですが、買収が成功した際には手数料を支払うことにもなります（ただし、「はじめに」で説明したように、そうした手数料を補助する制度もできています）。

その手数料が基本的にかからないのが、各都道府県に設置されている「事業承継・引継ぎ支援センター」です。「はじめに」で紹介した山下さんが利用したものですね（註・センターから紹介された専門家を経由すると、手数料が発生するケースもあります）。

こちらは公的支援の一環として設置されており、全国の商工会議所などと連携して、地場企業のM&Aの相談とマッチング、サポートを行っています。

お住まいの都道府県名と、「事業引継ぎ」で検索してみてください。事業承継・引継ぎ支援センターのサイトが出てくるはずです。

実は5年前に前作を刊行した後、個人でもM&Aを検討したいと思った人が冷やかし混じりで問い合わせをしたことも多かったのか、支援センターの職員さんのなかには、個人M&Aに拒絶感を持った人も結構いたようでした。サロンメンバーの方がセンターに相談に行ったときに、「サラ3サロン」で勉強していることを話題に出したところ、嫌な顔をされたという話を何度も聞きました。

しかし、その状況も変わってきました。いまでは事業承継・引継ぎ支援センターと私たちサロンの関係は非常に良好です。

実際に支援センターを通して会社を買ったサロンのメンバーに、センターのほうから、「このような案件がありますが、興味のある方はいませんか」と問い合わせが来ることもしばしばありますし、サロンの勉強会や合宿などに支援センターの担当の方が来てくださるここともあります。

高齢社長が廃業より売却を優先

売り企業が顕在化してきたのには、さらにこんな理由も考えられます。

コロナ禍、人材不足、物価高、デジタル化といった出来事のタイミングが、たまたま重なったということです。

コロナ禍によって一時的に売り上げが減少し、事業継続が難しくなっているケースも多数ありますし、採用に力を入れてこなかったために人手不足になって業務が回らなくなり、やむなく廃業を検討している会社もあるでしょう。物価高によって仕入れ原価が上がってしまい、経営が苦しくなっているケースもあります。また、クラウドやDX（デジタルトランスフォーメーション）といったデジタル化に対応することが難しく、時代についていけなくなって限界を感じている社長も多いかもしれません。

こうしたマイナス要素が高齢の経営者にあきらめの心を作ってしまい、廃業か売却かを選択せざるを得ない社長も増えたのではないでしょうか。

そうなればもちろん、優先順位は売却が先になります。廃業は取引先に迷惑をかけ、従業員を路頭に迷わせ、資産を売却したり廃棄したり大変な処理をしなければなりません。

それにもちろん、自分または自分の先祖が作って運営してきた会社に対する愛着もあるはずです。

売却することでそれらの問題がすべてなくなり、退職金代わりにいくらかのまとまったお金を手にすることができるのですから、悩める中小企業の経営者としては、できれば誰かに後を継いでもらいたいと考えるのは自然なことです。

これまでは会社を売却するといっても、後継者や買い手を見つけることができずにやむなく廃業するしかないパターンが多かったのが、ネットやさまざまな制度が整うことで日本中の人に売却を打診することができるようになったのです。だからこそ、潜在化していた「売りたい会社」の情報が顕在化するようになってきたわけです。

第3章　自信を失ったサラリーマンたちへ

買い手市場なのはいまだけ

前章で、非同族の人への事業承継の割合が増え、後継者問題が少しずつ解消する方向に進んでいるという数字を紹介しました。

その理由として、買い手の条件が整ったと伝えました。あらためて整理すると、その条件は四つ。

(1)中小企業の社長個人の経営者保証が強制されなくなっていること
(2)事業承継における税制優遇及び融資の優遇制度ができていること
(3)売り企業の情報量が格段に増え、会社を見つけやすくなっていること
(4)事業承継にかかる仲介料などのM&A費用にも補助金制度ができていること

これらは私の主観でもなんでもなく、単純な事実です。

私は時々、スモールM&Aブームの火付け役のように紹介されることがありますが、私が言い出さなくても、遅かれ早かれ誰かが言い出しただろうと思っています。

なぜなら、日本企業の99%以上を占める中小企業を誰かが引き継がなければ、日本中でお

びただしい数の会社が倒産し、日本経済は壊滅してしまうからです。

環境整備がかなり遅れたというのが現実ですが、日本を廃屋だらけの貧困国にしないために、スモールM&A、親族以外への事業承継の環境が整うというのは、当然のことなのです。これからは親族以外への事業承継が当たり前になるでしょう。


市場はいま、潜在的な会社も含めると売り手が多く、買い手が少ない供給過多の状態。つまり、〝買い手市場〟です。

こうした状況では、買い手のほうが立場が強いので、金額など条件の交渉も有利に進めることができます。

しかし、この〝買い手市場〟は未来永劫続くわけではありません。こうなれば必ず、会社を買う側の人は増えていくでしょう。買いたい人が増えて供給を追い越してしまうと、買いたい会社がなかなか見つからないという状況になってしまいます。そして、売り手市場に変わり、金額などの条件も上がってくることが予想されます。

私の予測ではおそらく、団塊の世代の事業承継が終わる2030年ぐらいには、スモールM&A市場は、買い手市場から売り手市場に逆転するでしょう。

だからこそ、会社を買うなら「いま」なのです。

サラリーマンが持つスキル

私がそう話すと、多くのサラリーマンはこんなことを言います。

「自分に会社経営などできるはずがない」

会社組織の内側しか知らない自分、しかも会社のなかでもたいした評価をされてこなかった自分は、有能な人材ではない。そんな自分には、会社を経営する能力などないというのです。

確かにいま、AＩやビッグデータ、ヘルスケア、ロボット、エネルギーなど、ディープテックの技術系人材が高く評価されています。

そうした専門性を持った人材は、年収数千万円は普通ですし、新卒の初任給が1000万円以上というケースもよく聞きます。これらは現時点で希少性が高いスキルですから、高い値段がついているわけです。

その一方で、営業経験何年、マネージャー経験何年、といった文系畑の「普通」の職種のサラリーマンは、能力を不当に低く買い叩かれているのが実情です。

昔は報酬が年齢とともにアップしていましたが、成果主義の名のもとに月給制から年俸制に変えられて、報酬は据え置きになり、さらに50代で役職を解かれて平社員にさせられ、報酬が下がっていく。

それによってがっくりと気落ちし、「定年後うつ」よりも早い「役職定年うつ」になる人も増えていると聞きます。管理職を解かれ、やりがいがなくなってしまい、やる気が失せてしまうのでしょう。

そうした人が、「働かないおじさん」とか、「妖精さん」などとメディアで取り上げられていたりします。

しかし、私は断言します。

あなたが、ある程度の大手企業や中堅企業に勤めたサラリーマンで、係長以上のマネージャーを経験したことがあるのであれば、数人から数十人規模の会社までは経営できる能力を、すでに身につけています。

ある一定以上の環境でサラリーマンを5年もやれば、小さな会社の経営はちゃんとできるスキルが身についているのです。それに気がついていない人のなんと多いことか。

大手・中堅企業において「普通」と評価されるレベルの能力は、世の中の99％以上を占める中小企業では、「希少」な能力であることが多いのです。

たとえば、大手・中堅企業のサラリーマンが培《つちか》ってきた営業力、交渉力、調整力、プレゼンテーション力は、どれもレベルが高く、多くの中小企業の社長や部長とはレベルがまったく違います。

これはなにも、中小企業の社長やそこで働く人たちを馬鹿にしているのではありません。決まったお得意先、決まった商品、全員が顔見知りで長年その企業で働いている人ばかりといった環境では、そうした能力が必要とされてこなかったわけです。

対照的に、日本の企業の1％未満しか存在しない大手・中堅企業のなかで、それらの能力は優秀な先輩たちが試行錯誤して、何百回とPDCA（Plan-Do-Check-Action）を回して、アップデートを繰り返して築き上げたスキルを継承したものです。

個人が自分で考えて努力して身につけられるスキルではありません。当たり前に思えて、一朝一夕では身につけられない貴重な能力であり、多くの中小企業にはないものです。

会社で培った能力が生きる

サラリーマンの能力がいかに武器になるか、一つ事例を挙げておきましょう。

大手重電メーカーの子会社で部品調達や納期管理をしていた20代のQさんのケースです。

なんと彼は、新卒2年目で会社を買って退職しました。

Qさんはオーナー社長とその奥さん、娘、息子の4人でやっていた京都の金属加工会社を3000万円で買いました（ちなみに、20代前半で社長経験がなくとも、銀行は主に買収企業の与信を見ますので借り入れることができています）。当時の年商は2000万円ほどだったそうですが、買収後わずか1年で年商を1・5倍にしました。

取引先が1社しかなかったので、Qさんはまず、買収時にお世話になった銀行に紹介してもらい、取引先を新規開拓しました。そのうえで商品の単価アップのため、それまでの量産・薄利多売から、少量・高単価で短納期の商品を開発し、ラインナップの中心に据えました。生産管理システムも新たに導入し、納期が誰でも一目でわかるようにしました。納期管理をしていた前職の経験を生かしたわけです。

次に新しい従業員を採用したのですが、ここでは少量・高単価・短納期がどれだけ武器になるかを丁寧に説明したそうです。それには「黙ってついてこい」方式で上手くいかなかった前オーナー社長の過去の経験の反省もありました。実際に自分も現場に出て働くなど、従業員と密にコミュニケーションを取ると、従業員のモチベーションが目に見えて上がり、作業効率も上がったといいます。ここでもサラリーマン時代に派遣社員など複数のスタッフと一緒に仕事をしてきた経験が生きました。

Qさんがやったことを整理すると、「顧客の新規開拓」「商品開発」「新しいシステムの導入」「従業員とのコミュニケーション」、これだけです。サラリーマンをしていれば、どれも特別なことではないとわかるはずです。それでも、わずか1年で会社を生まれ変わらせることができたのです。

特に顧客の新規開拓に関しては、中小企業の多くがあまり行っていません。家族を食べさせる範囲で仕事ができていればよく、長年の関係がある既存顧客と取引を継続しているだけという会社が大半で、営業人材すらいないことが普通です。

ここに利益や成長を求められる大手・中堅企業に勤める人材が入れば、自ずと既存顧客はそのままに、新規の顧客を開拓することで売り上げが増加していくのです。

大手・中堅企業のサラリーマンは非常に高い能力を備えています。しかし、その多くはまったくそう思えていません。会社のなかにいる同僚がみな似たような能力を持っているせいで、それが普通だと思っているのです。ところが、社会全体で見れば、普通ではありません。特別な能力です。

日本の30～50代のサラリーマンの多くは自信を失ってしまっています。なぜかというと、日本経済全体の成長が止まってしまっており、日本企業の多くが停滞しているからです。

「普通でいい」と思えるか、「普通だからダメだ」と思うかは、環境によります。

高度経済成長期の日本企業のなかで「普通」であれば、問題はありませんでした。みんな揃って課長や部長に普通に昇格し、みんな給料が上がり、みんな定年まで勤めて、それなりの退職金をもらって退職し、厚生年金と企業年金でそれなりに裕福に暮らせたからです。

なぜか。会社が成長拡大し、儲かっていたからです。いまはあまり聞かなくなりましたが、昔は大企業のことを「一流企業」と呼んでいました。「一流企業の社員」であることが誇りであり、特別な証だったのです。

現代の「普通」は違います。

どんなに優秀な人を集めた大企業であっても、そのなかでさらに選ばれたごく一部の「特別」な人だけが昇格し、「普通」になってしまった人は兵隊として使い倒されてしまい、誇りを失います。そうしたなかで役職を失い、やりがいのある仕事を失い、自信を失っていきます。

そんなメンタルで会社にしがみついていればいるほど、「自分は『普通』のサラリーマンなのだから、経営者など務まるわけがない」と思ってしまうようです。とてももったいない話です。

若者よりベテランが有利

私の「サラ3サロン」には、老若男女いろいろな人がやってきますが、実際に会社を買う人は、意外にも20代や30代前半の人が多いです。

前作は、主に管理職経験のある中高年のサラリーマンに向けて書きました。「ある程度の規模の企業で管理職経験がある人ならば、数十人程度の会社の経営はできる。だから会社を買いなさい」と言いました。20～30代の人に向けて会社を買いなさいというメッセージは送っていません。

にもかかわらず、実際に会社を買う人に若い人が多いのは、彼らには背負うものが少ないことと同時に、「自分はできる」という自信があるからです。

万能感とまでは言いませんが、多少知識や経験が乏しくても、足りないところは学んで補えばいい、やればできる、と思っています。むしろ、無用な知識や経験、プライドがないからこそ挑戦できるのかもしれません。そういう人の背中を私は押しますし、バックアップします。結果、多くのサロンメンバーが若くして会社を買い、オーナー社長として経営しています。

でも、実際のところ、彼らに比べて30代後半以上の人は圧倒的に有利です。営業、戦略作り、チームマネジメント、採用、予算作り、ＰＤＣＡを回すこと、数字の管理、成果を出すこと、外部との折衝、社内での調整、そうした企業経営において大切な多くのことを、すでに経験しているからです。

しかも、大手であれば、たいていジョブローテーションによって複数の経験を積んでいます。これは大きな武器です。

それなのに、経験不足の若者よりも、自分に自信がないのはなぜなのでしょうか。

もしかすると、途中からキャリアアップが止まってしまったからかもしれません。しかし、ポジションが上がらないのはあなたのせいではありません。ポジションを用意できない会社が悪いのです。「働かないおじさん」「妖精さん」を生み出しているのは企業です。

「キャリアプラトー」の憂鬱

最近、聞かれるようになった「キャリアプラトー」という言葉をご存じでしょうか。

プラトーという言葉は「停滞期」を意味します。つまり、キャリアプラトーは、キャリアの停滞期を指します。

万年主任、万年係長、よくて課長止まり、などという言葉もありますが、そうした職位が長く続いている人のことを指します。キャリアプラトーが長引くと、個人にとっても企業にとってもダメージがあります。

　プラトーとはもともと地学で、「高原または台地」を表す言葉で、悪いイメージのある言葉ではありませんが、心理学では、「学習や作業の進歩が一時的に停滞する状態。練習曲線の横ばいとして現れる。心的飽和や疲労などが原因で起こる。高原現象。高原状態」（デジタル大辞泉）を指し、ネガティブな状態を示す言葉です。

　会社内でこれ以上の昇格、昇給が望めず、本人が行き詰まりを感じて、モチベーションの低下を起こしてしまっているような状態です。キャリアプラトー状態の人が、会社組織内で増加していることが問題になっています。

　ひと昔前、年功序列であった時代は、ある程度の規模の企業であれば、主任や係長まではぼ横並びで昇格し、そこから多少の差はあれども、30代後半から40代半ばに多くの人が課長（中間管理職）となっていました。部下を持ち、一つの課（チーム）を率いるチームリーダーという役割です。

　そこから先、会社に認められた人は部長、事業部長、役員へと出世コースを歩み、そうでない人は課長が最終的な役職となるというのが一般的でした。

　課長まで行けば、もちろん出世コースから外れてしまったことに少々落胆する人はいるにせよ、ある程度の責任と立場、収入が得られるため、そのまま定年退職まで勤めあげることに、そこまで大きなストレスを感じる人は少なかったかと思います。

しかし年功序列、終身雇用がなくなり、横並びの昇進昇格の仕組みが見直されました。課長職が多すぎることが問題となっている企業もありましたので、課長のポストは必要最小限に絞られるようになり、実力主義の人事が進んでいきました。

その結果、課長まで昇格できず、30歳前後に主任や係長に昇格したしたところでキャリアが止まってしまう人が増えているのです。

また、係長の役職があるのに、部下を持つこともなく、実質的には入社時から変わらない現場の仕事を延々としているという人も少なくありません。給料もベースアップ分くらいしか上がらず、昇格した後輩社員の部下になるといったこともあります。

そのような状態で40代に差しかかってくると、「もうここから先、昇格することはないだろう」というあきらめや、長年同じ業務に対するマンネリ感などから、次第にモチベーションが下がり、キャリアプラトーに陥ってしまう人が、増えているというのです。

なぜ必要以上に自信がないのか

キャリアプラトーは本人にとって辛いものですが、企業にとっても大きなマイナス要素です。モチベーションが下がった従業員が多くいれば、当然ながら会社の空気は淀み、生産性が下がるからです。

打開策として、そうした人に辞めてもらうことを狙って、退職金にインセンティブをつけた早期退職制度を実施する企業も多くあります。ただ、この施策がうまくいくとは限りません。キャリアプラトーに陥っている人は自信をなくしていますから、転職を考えたりせずに会社に残りがちです。むしろ、社内の重要なポジションに就いている人のほうが、早期退職制度を利用して辞めてしまうことが多いのです。

キャリアプラトーの話を聞いて、身につまされている方もいらっしゃるでしょう。そうした人にこそ、私は会社を買うことをお勧めします。

腐ったまま、そんなところで一生を終えていいのでしょうか。

課長や部長に昇格し、会社の中核人材になっていく道が開かれない理由は、あなたにその能力がないから、ではないかもしれないのです。

その原因の一つには、会社のポジションが増えるどころか減ってしまっていることが挙げられます。なぜなら、会社が成長していないからです。新規事業にチャレンジしたり、M&

Aをしたり、海外展開をしたりして、会社が成長すればポジションは増えます。組織が大きくなれば当然、マネジメントする人が必要になります。組織が小さなままだからマネジメントのポジションが増えず、万年係長が増えるのです。

ポジションが増えないと、少ないポジションをめぐって競争が起きます。するとは社内政治が始まり、立ち回りの上手い人だけが昇格し、そうでない人はみな、キャリアプラトーに陥る。

成長しない企業はギスギスし、上役はイライラし、必ずと言っていいほどパワーハラスメントが起きます。

人はハラスメントを受けると自信を失います。そういう人がいまの日本にはものすごく多くいます。

なにせ日本経済が30年以上も停滞しているのですから、仕方のないことです。全部が会社のせいとは言いませんが、日本経済の停滞、企業の停滞によって、多くの人が必要以上に自信を失わされているのが真実なのです。

三つの選択肢

この話を聞いて、「なるほど」と思った方は、どうかそこから飛び出すことを考えてください。その飛び出し方には、三つの選択肢があります。

一つめは、転職を試みることです。

社内においてキャリアの限界を感じることは、社会におけるキャリアの限界とはイコールではありません。いまいる会社のなかではみんな当たり前に持っているスキルや経験を、喉から手が出るほど欲しがっている会社がある可能性があります。

自分のいる産業では当たり前のスキルでも、他の産業では貴重なスキルである可能性もあります。

まず、自分のスキルが世の中でどのくらい価値のあるものなのかを知ることは人生設計においてプラスでしかありませんから、一度、転職エージェントに登録して面談を受けてみるのもお勧めです。

二つめは、起業することです。

「会社を辞めて起業する」。一番格好いいかもしれませんね。しかしこれは前作の『サラ3』でも口を酸っぱくして言いましたが、かなりリスクの高い選択です。

なぜ起業をしてはいけないのかを知りたい人は、前作の第1章、「だから、起業はやめておきなさい」を読んでみてください。

起業しても失敗しない可能性が多少なりともあるのは、「これまで勤めていた会社のビジネスはほぼそのままで、顧客と従業員を引き連れて独立する」といったケースぐらいだと思います。

自分に知見のない異業種で起業するなどもってのほかで、特にサラリーマンが脱サラして飲食店を始めるなど自殺行為です。そのような夢を持っている方はどうか、前作の第2章、「飲食店経営に手を出したら『地獄』が待っている」をお読みください。

すべてをゼロから始める、いわゆる「ゼロイチ起業」には、壁、罠、山、谷、落とし穴……ありとあらゆる障害が待ち受けています。

経営の初心者がトライ＆エラーで、これらの障害をクリアして、0を1にして立ち上げ、さらに1を10にする成長を成し遂げ、人材、設備、顧客、仕入れ、製造、サービスが整い、経営がある程度安定するまでに、およそ10年はかかるのではないでしょうか。

それは本当にしんどい10年です。ベンチャーキャピタリストとして多くの起業家に投資をしてきた経験からいえば、経営の初心者が新たに会社を創って軌道に乗せるというのはとてつもなく難易度が高い。

日本では起業して5年後に残っている会社は15％、10年後に残っている会社は、たったの

6・3%しかないそうです。

起業ブーム、スタートアップブームに乗って起業した社長に待ち受けている現実は、なんと過酷なのでしょうか。悪いことは言いません、やめたほうがいいと思います。

そして三つめが、本書のタイトル通り、会社を買うことです。

成長の止まってしまった会社のなかで、適切なポストを与えられずにモチベーションを失ったまま定年退職を迎えてしまう前に、キャリアプラトーを終わらせ、資本家という第二のキャリアをスタートさせるのです。

係長、課長のまま社会人を終えると思っていた人が、オーナー社長になるのです。

先ほど、創業して10年後に生き残っている会社は約6%しかないと書きました。それならば、すでに創業後10年間の苦難を乗り越え、生き残ったその約6%の会社を買いましょうという提案です。

10年存続している会社というのは、起業に潜むありとあらゆる恐ろしいリスクを、クリアすることができたということです。起業に比べてリスクがグッと低いことがわかるでしょう。

第4章　サラリーマンだけが持つ「社長の能力」

知らないうちに教育されている

ここからは「大手・中堅企業のサラリーマンなら、中小企業の社長が務まる」と私が断言する理由を具体的に説明していきます。

私が大手・中堅企業の中間管理職の方に、中小企業の買収をお勧めするのは、実践における経験に加えて、企業で受けてきた教育のアドバンテージがあるからです。

そういう企業で長年勤務されてきた方は、特段、教育を受けてきたという感覚がないかと思います。しかし実は、自分では気づかないうちに、非常に高度なマネジメントについての教育を受けています。

「確かに数年に一回、役職が上がるごとに、マネジメントに関する集合研修を受けてきたけれど、その内容はほとんど覚えていないし、それでスキルが上がったとも思えない。本音では、あんなの必要ないと思っていたぐらい。正直、教育なんてたいして受けていないよ」

そんなふうに思っている人もいるはずです。

「会社が用意してくれた集合研修に対して不真面目だった」という人のほうが、むしろ多いでしょう。

その通り、集合研修にさほど大きな意味はありません。

実は、あなたが受けてきた重要な教育は、そんなことではないのです。

優良企業の社員が受けた高度な教育というのは、ＯＪＴ（On-the-Job Training）です。つまり、先輩から引き継いだ仕事を覚えること、目の前の仕事をこなすことを通じて、かなり質の高い教育を受けてきているのです。

大企業の仕事を「面白みがない」「成長しない」「やりがいがない」などと批判する人が結構いるのですが、少し視野が狭い気がします。大企業の仕事というのは、非常に洗練されています。

あなたの会社の主要ビジネスは、業界で何位でしょうか。

産業にもよると思いますが、もしあなたの会社が何十年も存続している企業であれば、いくつかの事業は5位以内には入っているのではないでしょうか。

業界5位というと、たいしたことがないような気がしてしまうのですが、一歩引いて考えれば日本におよそ４００万社ある企業のなかの、5位以内に入っているということ。それは、つまり業界の厳しい競争に勝ち残った、紛れもない勝者だということです。

仕事を「こなす」能力の価値

当たり前ですが、ビジネスモデルだけでは、企業は競争には勝てません。事業は総力戦です。

企画開発力、設計力、生産管理力、品質管理力、資本力、資金調達力、マーケティング力、組織力、ブランディング力、販売力、株主との関係など、経営のあらゆる要素を構築し、マネジメントできていなければ勝てません。

勝ち残った企業とは、勝利のビジネスモデルを持っているのと同時に、非常にレベルの高い、最適化され、洗練された〝勝利のマネジメントモデル〟を持っているのです。

そして名の知れた企業、優良な企業のもとには、優秀な人材が集まります。そのなかでも特に優秀な人たちが、社内のマネジメントモデルを次々にアップデートしていきます。アメリカや日本の一流企業からマネジメントモデルを学び、最新の管理ツールを取り入れ、無駄を省き、利益を最大化する工夫を、常にしているのです。

もしあなたがいま、大手・中堅企業で働いているとしたら、たとえマネジメントの仕組みに無関心だったり、ある日突然、新しい仕組みが導入されて仕事のやり方が変わることを面倒だと思ったりするタイプだったとしても問題ありません。

なぜなら、あなたは多少の不満を言いながらも、アップデートされた一流のマネジメントモデルの使い方を覚え、いつの間にか使いこなせるようになることで、これまで仕事をしてきたからです。

それこそが、まさにＯＪＴです。集合研修では、ＯＪＴで習得して自然に使いこなしているモデルを、体系化して頭で理解してもらえるように、理論にして教えるということをやっているのです。

中小企業にはないマネジメント力

先ほど、集合研修には大きな意味がないと言いましたが、体系化された理論を頭で理解することは、経営者になるうえでは、そこそこ重要です。

これから会社を買おうと思っているサラリーマンは、せっかく会社がタダで開いてくれるのだから、集合研修にも真剣に参加しないと、正直、少しもったいないと思います。

ただし、集合研修を真剣に受けてこなかったからといって、致命的というわけではありません。それはいまからでも学べばすぐに理解できることだからです。

マネジメントの仕組みを使ったことがない人が、いくら理論を勉強しても、実践しないことには、なかなか身につきません。しかし、大手・中堅企業にいる人は、頭できちんと理論を理解していなくても、日々の仕事のなかで実践的に身につけているのです。現場でいつも実践していることですから、少し勉強すればすぐに理論を理解できるでしょう。

実はそのあなたのマネジメントスキルは、中小企業の経営においては、圧倒的な優位性となりえます。

なぜなら、中小企業の多くは、新しいマネジメントモデルがほとんど導入されておらず、大企業が30年前、40年前に使っていた化石のような管理の仕組みを、まったく変えることなく使い続けている会社が大半だからです。

大企業では、経営効率や生産性を高めるために、営業管理、経理・財務管理、倉庫・物流管理、調達管理など、さまざまな業務管理システムが当たり前に導入されているはずです。

しかし、中小企業ではいまでも、手書きの帳票をファイルに入れて、人間が在庫を管理していたりします。インターネットもパソコンもなかった時代の仕組みを使っていたりするのです。

中小企業が先進的なシステムを導入するのはたいてい、クライアントから導入を促されたときです。

「このシステムを導入していただけなければ、今後は仕事を発注できなくなります」と言われて初めて、仕方なく導入するのです。中小企業がシステム導入を嫌がるのは、一に、初期費用がかかるため。二に、そのシステムの存在を知らないためです。

非効率がまかりとおる現場

賢明な読者の皆さんはおわかりだと思いますが、業務管理システムというのは業務の無駄を省き、労働時間を短縮し、生産性を高めることで、企業の利益率を高めるために導入するものです。

たとえば、マネジメントがずさんな営業の現場では、

- 得意顧客ばかり頻繁に訪問し、苦手な顧客にはアプローチしない
- ダンピング競争が進んでいる利益率の低い商品を一生懸命営業している。結果、売れば売るほど赤字が膨《ふく》らむ
- 別の営業マンがそれぞれ別のルートから同じ企業にアプローチしている。顧客情報が共有されていない
- 営業マンによってやり方がみんな違う
- 自らの産業の動向には詳しいが、他の産業の動向には疎《うと》い

・客先で受注しても、一度会社に戻ってからでないと受注手配ができない
・部下に仕事を教えない。教えられない。見て覚えろというスタイル

といった非効率が存在します。

業務管理システムは、顧客情報を管理・共有したり、業務フローを普遍化したり、業務を通じて早く効率的に成長できるOJTを導入したり、クラウドによってどこからでもリモートでシステムにアクセスできるようにしたりすることで、営業の機会損失や無駄を減らすものです。

また、業務管理システムだけでなく、組織力を高めるチームビルディングや、部下に対して自らの気づきによって自己成長を促すコーチング、会議の参加者全員の意見・アイデアを引き出すファシリテーション、社員のモチベーションを高める仕組み、よいところを伸ばすための評価システム、人と人とのコミュニケーションのツールも、次々に開発され、先進的な企業から導入されていきます。

業務管理システムやコミュニケーションツールの導入には、初期投資が必要になります。お金もかかり、人の手も取られます。また、メンバーの反発もあります。新しいことを覚え

るのは誰でも面倒臭いのです。さらに、導入期には一時的に生産効率が落ちる可能性もあります。

それでも大企業が仕組みを導入するのは、投資対効果がプラスになるからです。営業活動の効率が数値化され、利益率の高い商品を継続的に買ってくれそうな顧客に優先的にアプローチし、残業が減り、モチベーションが上がり、若手社員が早く成長し、会議が活発化して全員がアイデアを出すようになってくれれば、業務システムの導入費用や、コミュニケーションツール費用など、微々たるものです。

逆に言えば、そうした改善を繰り返さなければ、大企業は競争に勝てないし、存続することもできなくなってしまいます。ですから、ビジョンのある企業ほど、社員の人材育成に投資をしているのです。

特に昨今は、どの業界でも人材が不足しているので、優秀な人材の取り合いになっています。人材は企業の生命線です。よい人材が取れるかどうかで、企業の未来は決まると言っても過言ではありません。

それがわかっている経営者はいま、社内改革を進めています。福利厚生を手厚くしたり、給料をよくしたり、オフィスを格好よくするだけでなく、リモートワークやフレックス制度をはじめとする働き方改革、ワークライフバランス、働くお母さんを支援する制度なども、次々に導入しています。企業と社員の関係性は、景気や時代によって変化します。人材不足の時代こそ、主役は社員。

あなたは知らず知らずのうち、そうした投資の恩恵を受けてきたのです。

どうでしょう、少しは中小企業の経営者としてやっていける自信が湧いてきたでしょうか。

もう少し、続けましょう。

課長の仕事を分解すると……

皆さん、勘違いされているかもしれませんが、大手・中堅企業において、本社で総合職採用をされた方は、全員、幹部社員です。

想像してみてください。あなたが社員4000人ほどの化粧品メーカーの営業マンだったとしましょう。

そのなかには複数の事業部門があり、営業職はすべて合わせて1000人です。事務スタッフが500人、工場勤務の社員が2000人、開発部門が200人、総務部門と役員を合わせて300人、合計で4000人です。

工場にはパート・アルバイトのスタッフがさらに３０００人います。

全国の百貨店などの化粧品売り場には、業務委託の販売員が１万人います。また、アジアを中心として海外の売上比率も伸びており、グローバルには３０００人の従業員がいます。

これらのスタッフをすべて合わせると、２万人になります。さらに、加工は複数の協力企業に委託もしています。

つまり、本社の営業マンは、２万人以上の人が携わる事業のなかの１０００人、全体のトップ５％の人材なのです。

営業としては、一人で20人分の売り上げを背負っていることになります。こうした企業の営業マンは、歩合制のようなセールスマンとはまったく次元の異なる責任を負っています。

その営業部門のなかで課長を務め、４人の部下を持つことになると、一人で１００人のスタッフと、それに加えて、協力企業数社の営業責任を負っていることと同じなのです。

この営業管理職の仕事はまず、担当するブランドの各商品について、各店舗の予算（売り上げ予測）を立てること。その予算に基づいて、工場では生産計画が立てられ、材料の発注が行われ、生産が行われます。

販売に向けて、セールスプロモーションが企画されます。新商品であれば、広告部門と広告代理店の協力を得ながら、キャッチコピーをつけ、イメージキャラクターを決め、タレントを使った販売促進ツールが製作されます。

テレビCM、インターネット広告、雑誌広告、ラジオ広告、新聞広告、電車の車内広告、駅や街頭のサイネージ広告など、広告費を何にいくらかけるか予算配分を考えます。

次に、各店舗の売り上げ目標を立て、販促キャンペーンを企画します。販売員を集めて商品知識を伝え、売り方を考えてもらいます。売り場作りをし、いよいよ発売です。

管理職にもっとも大事なことは、予算通りに販売することです。逆を言えば、販売できる数をピタリと当て、予算を組むことです。

予算に対して売り上げが下回れば、不良資産（在庫）を抱えてしまうことになり、広告費もかけただけ赤字になってしまいます。「なにがなんでも予算を達成しろ」という通達が現場に下りていくことになります。

逆に予算よりもよく売れて、売り切れ入荷待ちが続出したら、販売機会を失っていることになります。そこで、「これは売れるぞ」と大量に生産したところ、購入者が期待したほど使用感がよくなかったり、ライバルの商品がヒットしたりして、人気が下がってしまい、大量の在庫を抱えてしまうなんてこともあります。

在庫を放っておけば、赤字がどんどん増えていきますし、消費期限になれば商品価値がなくなります。なんとしてもこの在庫を早く売り切る手立てを考え、実行しなくてはいけません。

やらなければならないことは多岐にわたります。なかなか大変で、責任の大きな仕事であると感じたでしょう。

しかし、こんな難しい仕事を、化粧品メーカーの営業管理職は、当たり前にやっています。それは、それら一つひとつの仕事が高度に仕組み化されていて、その人にその仕組みを使うスキルが身についているからです。

典型的な中小企業の実態

さて、一方で、中小企業はどうでしょうか。

製造するモノのほとんどすべてが、大企業からの下請けという中小企業が数多くあります。典型的な中小企業の一例を挙げます。

営業戦略といったものはありません。ただひたすら、言われたものを、言われた図面通りに、言われた数だけ作る。ただ、受注をこなすだけです。

仕事は回っているので、営業をする必要がありません。顧客からの値下げ要求には何度か応じてきました。製造原価を下回らなければ、ノーとは言えません。あるいは単体赤字であっても、努力してコストダウンし、単体黒字に変えます。年次合計ではほぼ利益は出ていません。

営業をしていないので、既存顧客以外にニーズがあるのかどうか、金額が妥当であるのか、実はわかっていないのです。

製造現場には、無用な部品在庫が山のようにあります。一年に数個しか使わない部品を何百個も持っていたりします。１００年経ってもなくならない在庫を平気で大量に持っているのです。

仕事の多くは属人化しています。老齢を迎えた職人ばかりで、この人たちが引退したらどうなってしまうのか心配しています。しかし、新しく若い人を採用することは難しいと半ばあきらめています。朝礼はしますが、定期的な会議はほとんどありません。

社長であっても、財務諸表の見方はわかりません。税理士の「先生」に任せっきりで、決算書もまともに読んだことがないからです。

ちなみに、私が運営する投資ファンドの企業再生の仕事で、中小企業の社長に、「会計の資料を見せてください」とお願いすると、手書きで、「〇〇への振り込み」「〇〇の支払い」などと書き込まれた預金通帳のコピーを持ってきたりする方がいます。

Ｂ／Ｓ（貸借対照表）やＰ／Ｌ（損益計算書）の見方もわかりません。中小企業の社長に「この科目、どうなってますか」と聞けば、「これって、なんですかね」と聞き返されたりします。「私ではわからないので、税理士にちょっと確認してみます」などと平気で言います。

さらに、「なんで、こんなに経営が悪化したんですか」と訊《たず》ねると、「いや、うちの税理士がちゃんと見てなかったんで」みたいなことを言ったりします。

ちゃんと見るべきなのは税理士ではなく、社長です。社長が会計を見ないというのは、スピードメーターやガソリンの残量計も見ずに自動車を運転しているようなもので、もはや経営とは言えません。

簡単な会計知識があればいい

私がよく言うのは、体重を量って80㎏だったとして、その数字がその人の体において何を表しているのか、その意味を理解していないと駄目だということです。

身長が１８５㎝の男性の体重だったら、引き締まった健康的な体重だと思いますが、１７０㎝の男性の体重が80㎏だったら、メタボリックシンドロームの可能性が大です。生活習慣病の可能性も疑われ、念のため血圧や血糖値の数値も見て、異常値があれば、食事や運動習慣を変えたほうがよいと考えられるでしょう。

その数字がもし、１５５㎝の女性の体重だったら、相当な肥満です。もはや脳卒中や心筋梗塞など、重大な健康リスクを抱えている可能性もあります。長生きしたければ、いますぐパーソナルトレーナーの指導のもとでダイエットを始めたほうがいいかもしれません。

また、体重が90kgあった人が80kgになったのと、70kgだった人が80kgになったのでは、同じ数字でも意味合いが全然違います。前者はダイエットが成功した喜びの数字であり、この調子でいけばまだ体重は減っていくぞという数字であるのに対し、後者は太って人生初の80kgの大台に乗り、このままだともっと増えてしまいそうな、悲しみの数字かもしれません。

企業の業績を表す数字も、それと同じです。

今期の売り上げの数字だけを見ても、経営状態は何もわかりません。その売り上げが意味するところがわからないからです。売り上げに対して、粗利率はいくらなのか、販管費はいくらなのか、対前年比はどれくらいなのか、他の数字を見なければわからないのです。

B／SやP／Lには、企業の健康状態を理解することができるさまざまな数字が書かれています。健康診断結果のシートと同じです。「財務諸表を読む」とは、そこに並んだ数字を見て、企業の健康状態を理解することです。

投資ファンドのファンドマネージャーは、3期分の財務諸表を見れば、その数字が経営上、意味するところをほぼ把握することができます。

経営者も、それができなければ、経営者とは言えないと私は思いますが、中小企業には財務諸表の読めない経営者がたくさんいます。むしろ、読めない人のほうが多いのではないかと思います。

あなたは財務諸表が読めるでしょうか。

自信がないという人は、会計を少し勉強してください。まあ、そんなに心配はいりません。大企業で管理職をしていた人なら、少し勉強すればすぐに理解できるはずです。

それでも会社は回っている

大企業には、前述したような、〝仕組みの導入〟に特化した担当者がいますが、大半の中小企業にはいません。誰も責任がないので、誰もやろうとしません。

仕組みの導入は、社長がやるしかありません。しかし致命的なことに、社長が仕組みを知らないのです。

中小企業は、いまでも親族内承継が大半を占めます。現社長は前社長の息子という会社もたくさんあります。

小さな頃から何不自由なく、学生時代はあまり勉強しないでひと通り遊び、大学に行き、家業を継ぐために新卒で入社し、すぐに専務になり、10年勤めて社長になったような人が、偏見ではなく、実際に多いのです。彼らは、マネジメントを何一つ知りません。

先代の職人気質なお父さんからは何も教わってこなかったし、頑固者のお父さんはシステム会社の営業マンが来ると、ことごとく追い返してしまう。それで仕事は大過なく回ってきたので、何の疑問も持たずにいままでどおりやってきただけです。化石のようなやり方で、世の中に取り残されていることも知らないのです。

そんな企業が生き残っている理由は簡単です。

技術力が高く、価格が安いからです。クライアントにとって潰れてもらっては困るので、殺さないように生かされているのです。

よもや、大企業がどんな仕組み、どんな組織、どんなモチベーションで事業を回しているのかなど、まったく知りません。人材教育など、まず受けたことがありません。

中小企業の若手（2代目社長など）の経営者が集まる日本青年会議所（ＪＣＩ）という団体があります。

ここでは中小企業の社長や次期社長を集めて安い価格で研修をしたりしています。どんな研修をしているのかというと、ワードやエクセルやパワーポイントの使い方研修だったり、アジェンダの作り方だったり、議事運営の仕方だったり、人前での話し方だったりするのです。こう言ってはなんですが、一般企業の新入社員研修さながらの内容です。

そういう人たちがオーナー社長になっている中小企業は、あなたが想像する以上に多いのです。

そこで私が言いたいことは、「それでも会社は回っている」ということです。

大企業で鍛えられた人にとっては、びっくりするほど前近代的で、まともな数値管理もされていない。そうした会社を買い、あなたが経営しませんか？　というのが、私の提案です。

「普通のこと」で業績が大幅改善

繰り返し述べてきたように、読者の皆さんのなかには、中小企業経営に必要十分な知識と経験がある人が大勢いるはずです。

ある程度の規模の企業で中間管理職を務めた人であれば、自分がいた業界で、従業員が数十人規模の会社であればマネジメントできるでしょう。

事実、それぐらいの人数を部下として従えて、管理職として働いてきたのですから。ノウハウや経験は十分にあるのです。

会社を買うことの何よりも大きなメリットは、いま経営が成り立っている会社の、設備も、顧客も、従業員も、仕入れ先も、取引銀行も、そのまま引き継ぐことができる点です。きちんと利益が出ている会社であれば、とりあえずは、いまのままの業績を保つことができればいいわけです。

マネージャー経験のある人にとって、決して難しい仕事ではありません。それから会社をよく見て、変えたほうがいいと思える部分に改善の手を入れていけばいいのです。

実は中小企業は業務改善によって利益率を上げやすい、とも言えます。

大企業にいた人にとっては当たり前の管理ができていない会社が少なくないからです。商品ごとの利益管理や在庫管理、従業員の労務管理等が甘い会社は多いです。

昔からの取引関係を相見積もりも取らずそのまま続けていたり、販売に力を入れれば入れるほど赤字になる商品を何の疑問も持たずに一生懸命売っていたり、年に数個出るか出ないかの在庫を大量に持っている、などです。

こうした会社は、あなたが前の会社で使っていた業務管理システムを入れて業務を効率化する、仕入れ先と交渉して原価を下げる、ＩＴ管理を導入する、新規営業をするなど、大企業がやっている普通のことをするだけで、業績が大きく改善する余地があります。ポテンシャルは高いのに経営のやり方がよくないために、業績が悪い中小企業は少なくありません。

当たり前のことをやるだけ

きちんとした企業でマネジメントを習得したあなたがそうした会社の社長になったら、画期的な改革の導入によって、会社の経営を好転させることができるでしょう。

画期的な改革といっても、まったく難しいことではありません。そうした会社にとって画期的だということであって、あなたにとってはむしろいままでやってきた、やり慣れたやり方を導入するだけです。

たとえば、次のようなことです。

- 在庫を洗い出して整理する
- 製品ごとに営業利益率を計算する
- 赤字の顧客との取引をやめるか、値上げ交渉をする
- 不良在庫を処分する
- 不採算部門をやめる
- 生産ラインの効率化を考える
- 帳票をシステム化する

- 仕入れ先から見積もりを取り直す
- 部品の発注ロットを小さくする
- 部品の納期を確認し、無理な発注を抑える
- 在庫の置き場所を工夫する
- 運送会社と運賃の交渉をする
- ホームページを作り、自社の技術を公開する
- 新規の展示会に出展し、ＰＲしてみる
- 業務効率化のクラウドを利用する
- 新規開拓営業をしてみる
- 名刺管理システムを導入する
- 勤怠管理をきちんとする
- 会議を開き、自分の考えを社員に伝える

どれも、あなたが当たり前にやってきたことです。

革新的な技術も、大規模な先行投資も、大胆なスクラップ＆ビルドも必要ありません。細かいところを見て、時代遅れのものや、ずさんなやり方を、一つひとつアップデートしてい

くだけです。

そんな積み重ねで、意外と中小企業の経営は革新されるものなのです。

「V字回復」は難しくない

債務超過に陥った企業を再生ファンドが買い、「救済した」という記事を、時々目にすると思います。

なぜ、再生ファンドは、潰れるような会社を買うと思いますか。彼らは、なぜお金を出すのだと思いますか。

救済という言葉に惑わされないでください。

再生ファンドは基本的に民間企業です。公的機関ではありません。利益主義の営利組織です。ですから、社会正義のために企業を救済するなんてことは、政策的に設立されたファンド以外はしません。

再生ファンドは、ポテンシャルとしては高いものを持っているのに、経営があまりにずさんなため、赤字に陥ってしまった会社を狙っています。

資金がショートし、経営者がギブアップして、価値が下がりきったところで、最安値、底値で買っているにすぎません。

万年赤字の会社が2年で黒字になり、V字回復したというようなニュースを聞いたことがあるかと思います。そんなニュースを聞くと、いったいどんな高度な経営を導入したのかと考えることでしょう。ミスミグループ名誉会長で『V字回復の経営』シリーズで知られる三枝匡《さえぐさただし》さんか、はたまた「経営の神様」稲盛和夫《いなもりかずお》さんか。とてつもないスキルと知能を持った経営のプロフェッショナルが、多くの熱量と労力を注ぎ込み、ドラマティックに、ドラスティックに、改革を断行していったのだろうと想像するのではないでしょうか。

しかし真実は、ほとんどの場合、先ほど挙げたような当たり前のことのなかから、特にできていなかったもの、赤字の主な要因になっていたものを見つけて、まともなマネジメントモデルを、いくつか導入しただけということが大半です。

そんなものです。経営資源が揃っていて、市場と売り物が悪くないのに、赤字に陥っている企業を少し黒字にするのは、いとも簡単なのです。

少し手を入れれば簡単に経営を立て直せることがわかりきっているからこそ、ファンドは懐からお金を出すのです。

会社の欠点を逆張りで考える

自分が買いたいと思った会社が、いまだにファックスで注文のやり取りをしていると知ったら、あなたはどう思うでしょうか。

あるいは、メールで送れないデータをUSBメモリに入れて取引先に運び、手渡ししていると知ったらどうでしょうか。

毎週同じお客さんばかりを車でルート営業していると知ったらどうでしょうか。

「こんな会社は買ってはいけない」と思うのではなく、逆張りで考えましょう。

「これなら簡単に経営改善できるな」と考えるのです。

これまでに私が実際に投資した会社では、「セールスフォース」というクラウドサービスを入れて、営業や顧客情報の管理の効率を上げると、2人分くらいの営業人員が必要なくなったということがありました。それだけで、年間500万円以上の利益を増やすことができたわけです。

また、コロナ禍前の話ですが、別の投資先である注文住宅の会社で、お客さんのところに毎回、車で打ち合わせに行っていたところ、スカイプを導入したら、訪問回数を減らすことができて営業効率が上がったうえに、お客さんも喜んだということがありました。

それまでこうしたサービスを導入しなかったことに、なんらかの経営判断があったわけではありません。セールスフォースも、スカイプも、その存在すら知らなかったのです。

大企業では当たり前に導入されている効率化の仕組みですが、地方で中小企業をやっている人には、その発想がない、そもそも知らない、ということが少なくないのです。

だから効率化のシステムを導入するだけで、作業効率がアップし、コストが下がり、生産性が高まり、利益率が改善されるということが起きるのです。

これは投資ファンドだけに当てはまるものではありません。実際、「サラ3サロン」のメンバーが買った会社で、遊休エリアのある店舗を抱えている会社がありましたが、不要な店舗エリアを解約して、必要最低限のエリアで運営を開始したところ、それだけで月に数十万円のコストダウンができたそうです。元オーナーは大家さんと長年の付き合いがあったのかもしれませんが、過剰な家賃支払いを無駄だと考えず、思考停止して交渉すらしないままに支払い続けていたのです。

会社を買う前からでも、販売管理費を見て、支出ごとに細かく聞いていけば、「このサーバーはいらないので、月に50万円浮く」「ホームページ管理費として月に30万円はいらない」「このコンサル契約は不要」「使ってもいない無駄なリース契約をしている」などということがわかってきます。

そこで利益改善する分は、前のオーナーにわざわざ言う必要はありませんので、買う前に準備しておいて、買った途端に一瞬で利益率を改善すればいいのです。

リアルな話ですが、1000のうち3つしか成功しない〝千三《せんみ》つ〟の世界で、将来が不確かな事業に投資するベンチャーキャピタルよりも、会社を買うという行為ははるかに手堅い投資です。

それに気づいたからこそ私は、ベンチャーキャピタルではなく、中小企業向けの投資ファンドを立ち上げたのです。

「なるほど、自分にも中小企業の経営はできるかもしれない。ただ、紛れもなく大変だろうし、苦労もするだろう。起業ほどではないにせよ、倒産のリスクもある。それだけのメリットはあるのだろうか」

そんな考えが頭をよぎった方は、よろしければもう一度、本書の第1章を読み返していただくと、我に返るのではと思います。

思い出してください。

人生100年を夫婦で豊かに幸せに過ごすためには、60歳で定年、再雇用で65歳退職という道を辿っては、明らかに資金が足りないということを。

老後の人生が激変する

この章の最後に、老後の「資産形成」という観点から、会社を買う意味を考えてみましょう。

会社を買うことで、あなたの老後の収入に、二つの大きな変化が生まれます。

一つめは、役員報酬です。

たとえば60歳から70歳までの10年間、会社を経営し、手取り1000万円の役員報酬をきちんともらっていれば、収入の総額は1億円になります。そこから税金を払っても人生100年時代の余生に必要な、月々20万円×30年間分以上のお金が得られるのです。もちろん会社の業績がよければ、役員報酬はもっと高くてもいいでしょう。

また、それにプラスして、経費を自分の裁量で使えます。経営者は多くの学びや人脈を経営に反映することができますから、経営に関連する接待交際費などは会社に経費としてつけることができますし、仕事で使う目的のあるものの購入費用はすべて経費に計上できます。なるべく経費を使い、むしろ役員報酬を抑え目にするほうが、税務メリットも享受できます。

さらに、結婚されているなら、奥さんや旦那さんに経理や庶務などの仕事をしてもらうことで、社員または役員として給料を支払うことができます。これまた、自分一人で大きな報酬を得るより、税務メリットがあります。

一方、61歳から65歳までの再雇用期間で得られる報酬はいくらでしょう。

一般的に、継続雇用の給料は定年前の50～60％程度です。課長職で定年になった人は、400万円程度がいいところでしょう。その5年間の総収入は2000万円です。

先ほど1000万円の役員報酬で、10年間で1億円得られると書きましたが、経費を使い、奥さんにも給料を払えば、夫婦で2億円分程度の報酬は問題なく得られるイメージです。つまり、60歳以降の収入が10倍にもなるのです。

もう一つは、人生の張りや生きがいです。

60歳を超えて、再雇用ならまだしも、社長として働けるのか心配という人もいるかもしれません。

しかし、東京商工リサーチの調査によると、2022年の社長の平均年齢は過去最高を更新して63・02歳です。年齢分布で言えば、70歳以上の社長の割合は33・3％だそうです。

つまり、60代、70代でも社長の仕事は普通にできるということです。実際、70代で矍鑠《かくしゃく》とした社長はたくさんいます。むしろ、仕事を辞めてしまうから老けてしまうのです。社長業は老化防止にも最適かと私は思います。

60代は社長としてがむしゃらに働いて、現役を退くのは、70歳を過ぎてからでいいでしょう。

それでもまだ人生は残り30年もあるのですから、セカンドライフはそれからで十分ではないですか。

社長を10年間やるかどうかで、その後の人生は天と地ほど変わるはずです。

第5章　どんな会社を買えばいいのか

「フラグ」を立てる

小さな会社を買い、資本家になるという気持ちは高まりましたでしょうか。

そうしたら、どうやって会社を買うのか、その進め方について具体的にイメージできるように説明していきます。

会社を買うスモールM&Aは、買収候補企業を選定するフェーズ（ソーシング）と、審査をして買収を行うフェーズに分けて考えるとよいかと思います。

この章では、買収候補企業を選定するフェーズについて見ていきましょう。

【自分のプレゼン資料を用意する】

会社探しを始める前にお勧めしておきたいのが、買い手である自分のことを紹介するプレゼン資料を用意しておくことです。

M&Aは会社を売りたい人と買いたい人のマッチングですから、いつどんな急展開があるかわかりません。興味があると相手に伝えたら、「いますぐ会いましょう」ということになる可能性もあります。

そのときに自分の人間性や強み、思いを何も伝えられなかったら、相手をがっかりさせてしまいます。そうならないように、自分を振り返って、自分という人間を言葉でまとめておくのです。

これまで会社の信用で仕事をしてきた人は、自己紹介は名刺を出して「○○商事の××です」でよかったかもしれませんが、個人M&Aはあなた個人に売るわけですから、あなた個人が信用を得なければなりません。相手から見れば、あなたは大切にしてきた会社の後継者です。「あなたなら会社を任せられる」「あなただから売りたい」と思ってもらえるように、会社探しを始める前に、自分のことを話せるようにしておきましょう。

実際に、「サラ3サロン」では自己紹介の資料のテンプレートができており、メンバー間で共有しているのですが、他の個人の買い手と比較される際にこれが優位に働いて、優先的に交渉できた結果、会社を買うに至ったケースが多くあります。

自分自身の振り返りは、自分はどんな会社のオーナーになりたいのか、その会社をどうしたいのか、という買収プラン、買収後の経営プランにもつながります。


【「会社を買いたい」フラグを立てる】


もう一つアドバイスです。

個人M&Aをして資本家になると決めたら、次にすることは、自ら動いて買収候補企業を探すことになりますが、同時にしておいてほしいことがあります。それは、「会社を買いたい」と宣言すること。フラグを立てることです。

会社員のうちに「会社を買収したい」などと大それたことを言って、周囲にどう思われるかわからないからと、憚《はばか》られる気持ちも理解できます。ですが、「資本家になりたい」と思った以上、そうした弱い気持ちはどこかへ放り投げてください。

会社の同僚、取引先、親戚、友人、あちこちで「会社を買いたい」と宣言して、その情報を拡散してもらうのです。そうしながら、自分でも会社探しを始めるのがいいでしょう。

経験上、この方法がもっとも上手にM&Aができる可能性があります。なぜでしょうか。

売りたい社長の心理を読む

第2章で簡単に説明したように、いまスモールM&Aマッチングサイトはたくさんあって、案件も多く掲載されてはいますが、実は世の中にはまだそうしたサイトに掲載されるには至っていないものの、社長が「売りたい」と思っている会社はものすごくたくさんあります。

なにせ、日本にはおよそ400万の会社があり、帝国データバンクの調査によれば約6割が「後継者不在」で、約3割は後継者不在を理由に廃業を検討しているのです。少なくとも

１００万社を超える会社が、後継者がいないことに頭を悩ませているはずです。

そこから、明確に会社を売ることを決めて、Ｍ＆Ａマッチングサイトや、事業承継・引継ぎ支援センターに自社を「売り案件」として登録するというアクションを起こしている社長は、はっきり言ってほんのひと握りです。本当に切羽詰まった人か、よほど割り切れる人でないと、なかなか登録はしないでしょう。

この5年でスモールＭ＆Ａの認知度がかなり高まったとはいえ、日本ではやはり、他人に会社を売ることは「身売り」と言われ、恥ずべきことのように思われる文化がまだ残っています。高齢の社長であればなおさらでしょう。

ですから、やはりいまの時代であっても、「会社を売りたがっていることを知られたくない」と思っている人は一定数います。

それに、自分が一生懸命経営してきた会社は、売れさえすればそれでいいというものでもないのです。「売りたい」社長でも、必ず強い思い入れがあります。たくさん苦労してここまでやってきたわけです。

いままでついてきてくれた従業員への思いや、たくさんの取引先に対する心情や、近所の人や親戚、あらゆる人を不幸にしたり、後ろ指さされるようなことはしたくないという気持ちがあります。

たとえ家族や親戚や従業員に継いでくれる人がいなかったとしても、見ず知らずの人には売りたくない、誰かの伝手《つて》で、少しでも知っている人に買ってもらいたいと思うのが心情なのです。

しかし「あの社長はもう会社を売りたがっている」という情報は一般にはほとんど出回りません。そんなことを自分から言って回る人はいません。従業員も顧客も銀行も離れてしまう可能性があるからです。そこが難しいところです。

そうした気持ちは社長の心のうちに秘められているわけですが、後継者不在で悩んでいることを周囲の人が気づいていたり、社長本人から「実は……」とこっそり聞かされていたりすることがあります。

そういう人のところに、人伝てで、「○○さんという人が会社を買って経営者になりたがっている」という情報が回ってきたら……。それがたとえば、「誠実でいい人だよ」と推薦されていたり、あるいは、同じ業界のなかにいる会社の人だったりしたら、まさに渡りに船とばかりに、向こうから連絡が来る可能性が高いのです。

そういうケースでは、マッチングサイトで買うよりも安く買える可能性があります。他に買い手がいなければ、価格や条件の交渉でライバルと競り合う必要がないからです。

なによりも相手のほうから自分に声が掛かっているので、変な話ですが、より有利に交渉を進めやすいと言えます。いまの社長から直接会社を買収することになれば、仲介手数料もかかりません。

ＳＮＳの自己紹介に「事業承継をしたい」「会社を買いたい」と書いておくなど、フラグを立てる方法はいろいろあります。

「サラ3サロン」メンバーのなかにも、正月の帰省時に父親に会社を買おうと思っていることを伝えておいたおかげで、父親の友人から会社を売りたい社長を紹介してもらい、その会社をかなり安く買えたという人がいます。

出回っている売り案件ではないですから、入札形式ではなく相対《あいたい》の取引になるので安く買えたのです。フラグを立てて、常に「会社を買いたい」とアピールし続ければ、このようなチャンスまで舞い込んでくるということです。

買収計画の立て方を学ぶ

【ソーシング】

次に、自分から会社を探す方法です。

Ｍ＆Ａの案件を探すことを、業界では「ソーシング」と言います。ここではソーシングのプロセスについて見ていきましょう。

まず大切なことは、買収計画を作ることです。マンションを買おうと考えたとき、大抵の人は、どの地域で、どのくらいの広さで、どんな間取りで、築年数はどれくらいで、価格帯はいくらぐらい、といった計画を立てて物件を探すと思います。

会社の買収計画も同じことです。

闇雲に探し始めるのではなく、その前に、どういう業種で、どのあたりの地域で、売り上げ規模はどれくらいで、従業員は何人ぐらいで、買収価格帯はいくらくらい、というざっくりとした目安を作っておくとよいでしょう。

▽買収計画の策定〜定性判断

次は買収戦略をどう立てていくかです。

アプローチは二つあります。「定性判断」と「定量判断」です。

定性判断では三つの円を想定しましょう。

そのうちもっとも重要な円が、「好きな人と好きなことを好きなようにやる」という円です。

この円に加えて、「得意な業界」と「得意な地域」という三つの円を想定して、これら三つが重なる中心に近い会社を選んでいきます。

企業買収における「定性判断」のイメージ

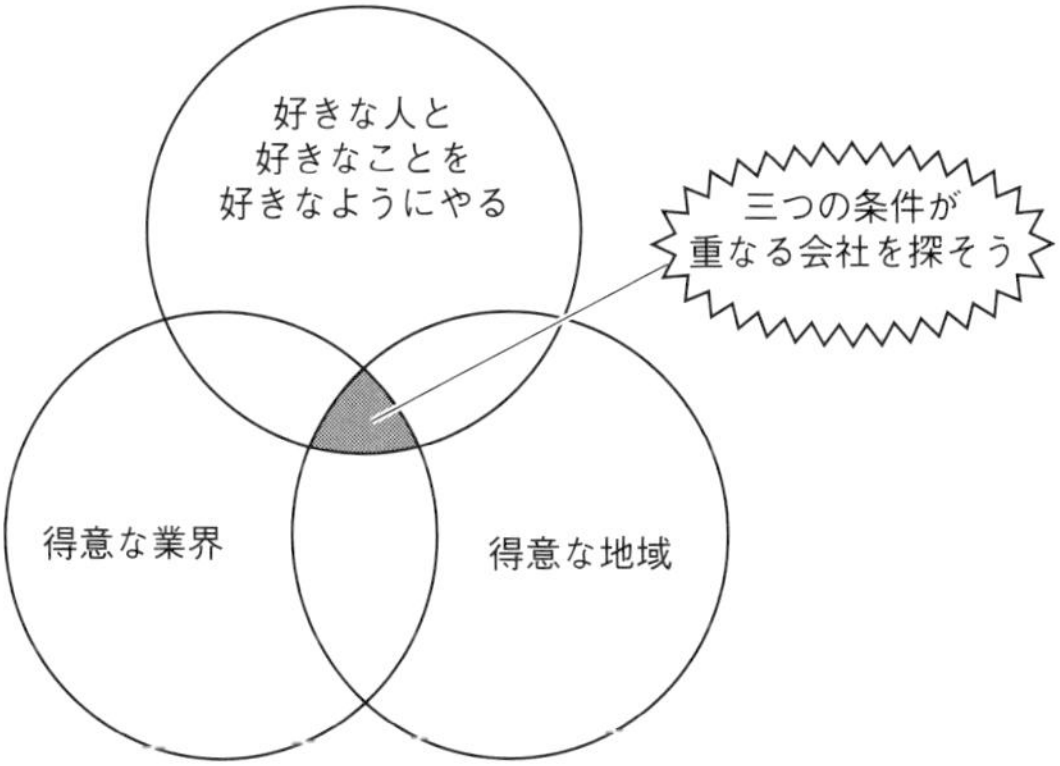
好きな人と
好きなことを
好きなようにやる
三つの条件が
重なる会社を探そう
得意な業界
得意な地域

三つの円のうち、「好きな人と好きなことを好きなようにやる」という円を、もっとも優先して考えるべきという理由は、もし経営がうまくいかなくても、「好きな人と好きなことを好きなようにやる」環境だったら、あきらめないで、粘り強く経営し続けられる可能性が高いからです。

「好き」を最優先する

新しい事業を作る起業家は「ピボット」といって、事業の中身を変えながら、当たる事業を探す作業をしていくものですが、ピボットも、「好き」と重なった事業でないと、どこかで挫《くじ》けてしまうものです。

私は挫けて資金がショートしてさようなら

という人をたくさん見てきました。

起業も、会社を買収して経営するのも同様で、成功するまで粘り強くやり続けられるかどうかは、自分の気持ちが折れないことにかかっています。折れないためには、やはり「好き」というファクターが重要になるということです。

スモールM&Aでは、ある程度、事業が回っている会社を買うことになりますので、起業よりもトラブルは少ないのですが、それでも経営をしていればさまざまなトラブルが起きますし、それが続けば心も折れそうになるものです。そこで心を折らずに続けられるかどうかは、その仕事が好きか、やりたいと思うかどうかにかかってきます。

最初の会社選びでは、この「好き」の円に加えて、「得意な業界」と「得意な地域」というファクターを合わせて考えましょう。

得意な業界は、自分の持つメリットを発揮しやすいでしょうし、数字もわかり、人脈も使うことができるので、まったく知らない業界の会社を買うよりもリスクははるかに小さくなります。

得意な地域では、地の利を使えます。いまはIターンやUターンをして、地元や地方で会社を買いたいという人が多いのですが、経営を始めれば、会社内部だけでなく、会社の外でもいろいろと動くことになります。

その土地を知っていれば地の利が生かせますし、まったく知らない土地というのは、駄目ではありませんが、多少のディスアドバンテージにはなるでしょう。

移住して経営する場合には、この地域がいい、ここが好きだなと思えることが重要ですので、そうした視点も持っておくといいでしょう。

建設会社に勤務していたMさんは、建築現場や倉庫で組み立てて使うテントを作っている創業40年ほどの三重県にある建築関連会社を2000万円で買いました。

営業ゼロでも口コミだけで仕事が回っていて、利益率も10％あるのですが、社長と奥さん、年配の女性従業員の3人の会社で、社長が70歳を超えたのを機にM＆Aマッチングサイトで売りに出したのです。

Mさんがこの会社に目をつけた理由の一つは業績が安定していることでしたが、建設の仕事が好きで業界に詳しく、勤めていた会社の工場が三重県にあることも大きかったといいます。Mさんの勤務する会社は三重県では知名度もあり、売り手の社長もそこがMさんに会社を売るポイントになったようです。

実際、Mさんも一年の3分の1くらいは三重県で仕事をしており、土地勘を生かして営業をかければ、業績を上げられる余地があると買収を決断しました。

このように会社や事業が、「好き」「得意な業界」「得意な地域」の三つの円のなかで、どの辺りにポイントされるかを考える方法が定性判断です。なるべく中心に近い会社を選んだほうが成功の可能性を高められるでしょう。

失敗するべくして失敗した

逆に言えば、会社選びの段階で間違えれば、かなりの確率で失敗します。ここまで個人M&Aで成功した事例ばかり紹介してきたので、ここでは「失敗するべくして失敗した」事例を紹介します。

大手メーカーで技術職として50代まで働いてきたTさんは、M&Aマッチングサイト「TRANBI」を利用して、広告代理店が売りに出していたフリーペーパー発行事業を150万円で買収しました。

病院に置かれている入院患者向けのフリーペーパーで、関東版と関西版が発行されており、Tさんはその関西版を買ったのです。毎月発行される48ページのフリーペーパーは、半分以上のページが企業の広告になっており、もともと広告収入で成り立つモデルでした。

しかし、特に関西版のほうで広告収入が減少し、発行元の出版社が関西版の事業を関西の広告代理店に売却。広告代理店がテコ入れしようとしましたが、これもうまくいかず、4ヵ月後にＴＲＡＮＢＩに売りに出したところを、Ｔさんが個人で買収したのです。

Ｔさんの算段はこうでした。自分が広告営業を頑張って取ることによって、月々４００万円くらいは売り上げが立つ可能性がある。フリーペーパーの製作と印刷には１号ごとに２５０万円程度かかるので、うまくいけば差し引き１５０万円が手元に残る。そうなれば年間１８００万円の収入が得られる――。

それまでのサラリーマン時代の年収は１０００万円程度だったので、2倍近い収入になるとＴさんは目論見ました。買収金額が１５０万円と、自己資金で手が届くこともポイントでした。

結果は、会社を買った後、実際に得られた広告収入は毎号50万円程度。1号ごとに２００万円の赤字です。4号を発行した時点で、８００万円のマイナスとなり、金融機関から借りた運転資金が底をつきそうになったところで休刊。再びＴＲＡＮＢＩに売りに出すことになりました。

Tさんはいくつかのミスをしてしまいました。

一つめはまず落ち目の事業を買ったこと。インターネット全盛の時代において、フリーペーパーは、いわゆるオワコン気味になっている状態です。

長年フリーペーパーを発行してきた出版社が、事業をあきらめて広告代理店に売却したのは、その先の事業計画の見通しが悪かったからということかもしれません。そう想像できるかどうかが、目利きのポイントだったのでしょう。

また、フリーペーパー事業の収入はすべて広告収入ですから、広告営業をし続けなければなりません。つまり営業が命の会社です。しかし、Tさんはメーカーの技術職一筋30年、営業をしたことがないのです。実際に電話営業を行っても、ほとんどガチャ切りされ、新規の売り上げを作ることができませんでした。

その事業に知見もなく、これまで培ったスキルをあまり生かせる会社でもない。さらに、会社を選ぶうえでもっとも大事な要素である、「そのビジネスが好きか」という点においても疑わしいものでした。

Tさんはフリーペーパーを普段読むことはほとんどなく、特にフリーペーパー事業に興味を持っていたわけではありません。ただ単純に、会社を買いたいと思ってTRANBIを見ていたら、150万円で買える手頃な会社を見つけたということだったのです。

会社を買うメリットは、すでに利益の出ている会社をそのまま引き継げることや、自分のスキルによってテコ入れをして売り上げアップが見込めることです。

今回で言えば、発行元だった出版社も、事業を買い取った広告代理店も利益を出せずに売却した事業ですから、前者のメリットはありませんでした。後者で言えば、たとえば、広告営業の経験者でスキルに自信があり、またタイアップ企画やイベントなどで既存の広告以外でも収入を生み出せる、といったプランでもない限り、難しいと言わざるを得ません。

また、会社（事業）のことを事前に調べたわけでもありませんでした。ＴさんがＴＲＡＮＢＩでこの案件を見つけたのは２０１９年1月11日の夜のことでした。22時過ぎにメッセージを送ったら10分後には交渉が始まり、それから一日10回ほどのメールのやり取りをしました。14日には広告代理店の社長と面談。20日にはフリーペーパーの関東版の発行元である出版社社長と面談し、翌日に正式に買い取ることを回答したそうです。わずか10日間の買収劇。これでは会社のことを調べる余裕もありません。そして、23日には勤めている会社に退職の希望を伝えたというのです。

Ｔさんはいま、そのことを後悔し、「1ヵ月でもいいから、スタッフとしてフリーペーパーの仕事をさせてもらえばよかった」と言っています。

買収の意思決定を早くすることで会社を買うことができる（案件を取れる）というのがM&Aのセオリーではありますが、検討にあたっては、慎重に相手の会社のことを調査・分析しないといけないということも言わずもがなです。会社を買いたいという「情熱」と、この会社を買ってもいいのかという「冷静」の間で意思決定しなければいけません。この両輪の感情をうまく回しながら進めるのがM&Aではとても重要なこととなります。

TさんのM&Aは、会社を選ぶ定性判断のポイントとなる「その事業が好きか」「得意な業界か」「得意な地域か」の三つのファクターをまったく満たしていませんでした。同時に、まともな事業計画も立てていませんでしたが、金額が低かったこともあり、会社を買いたいという情熱が先行しすぎてしまったわけです。

Tさんは、他の人にはこのような失敗をしてほしくないと言います。私も同感です。

リスクの最大値を決めておく

Tさんのケースは極端にしても、リスクとリターンくらいは事前に試算しておくべきでしょう。そのために行うのが「定量判断」というものです。

企業買収における「定量判断」のイメージ

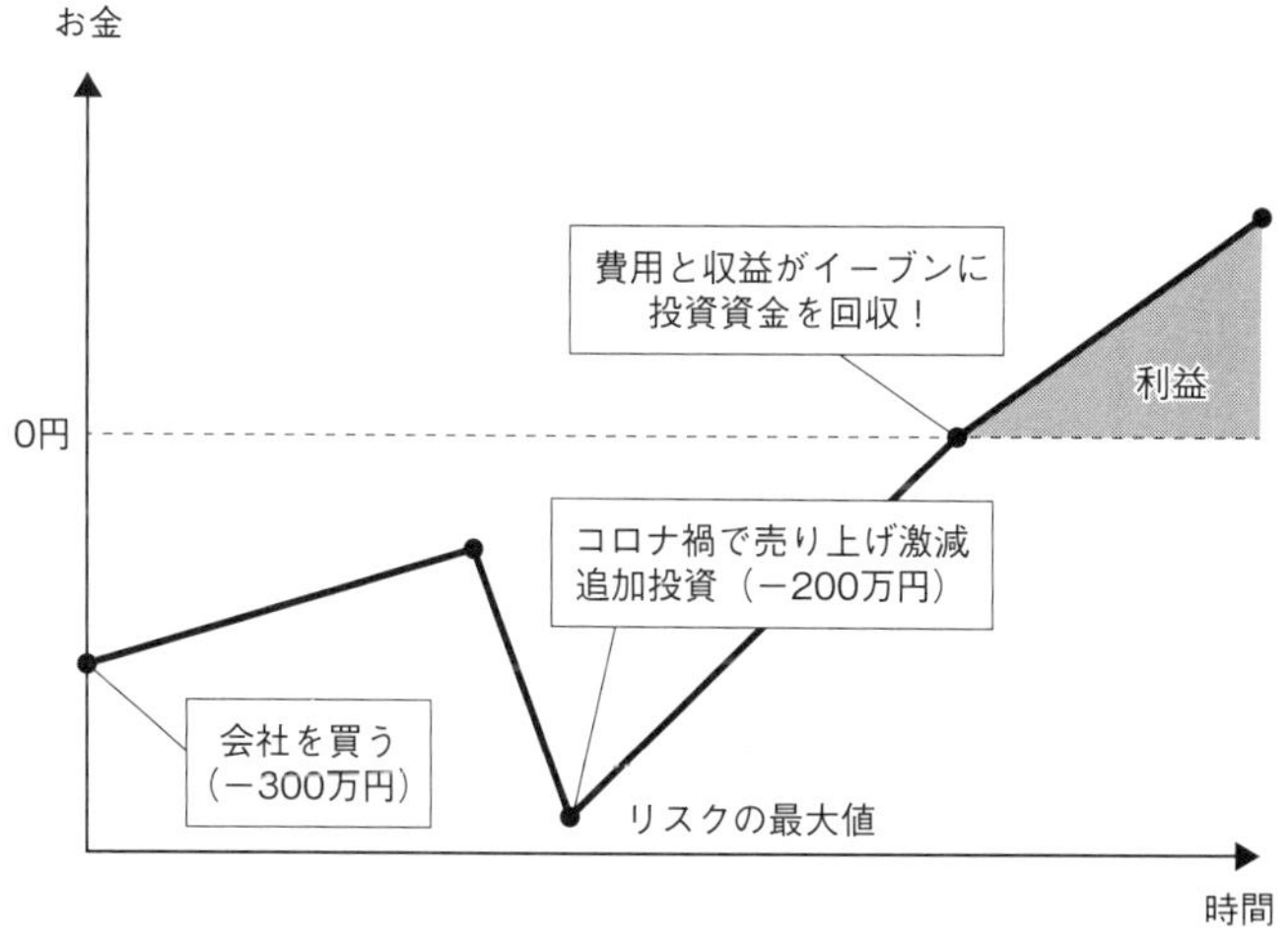

▽買収計画の策定～定量判断

定量判断とは、投資で、どれだけの資金を投下して、どれだけ回収できるかを数字で考えるものです。

これは会社の経営の数字を見るものではありません。それとは別に、自己資金の投資とそれに対するリターンを見るものです。

定量判断では、縦軸がお金で、横軸が時間のグラフを使います。

縦軸は下に行けば投資費用、上に行けば投資利益ということになります。このグラフを使って、その会社を買った場合、費用の最大リスクはどのくらいで、費用の回収時期はいつで、その会社を売却すればどのくらいのリターンが見込めるかを考えていくとよいでしょう。

まず会社を買うと、最初に費用が発生して、グラフ下にポイントされます。３００万円で会社を買えば、マイナス３００万円からスタートします。

そこから経営が始まって、時間とともに右に向かってグラフが伸びていくわけですが、そこで、もし資金繰りが悪化するなどして、新たな追加資金を投入するとなれば、グラフは下がります。そのグラフ下限のポイントがリスクの最大値となります。

自分のなかでリスクの最大値を決めておいてください。

基本的に会社の購入資金と、想定される追加の運転資金（合わせて、投資費用）以上のリスクはありません。第2章で説明したように、会社を買う際には経営者保証をつけないということを前提にスモールM＆Aをお勧めしています。よって、リスクは投資費用の範囲で収まります。M＆Aというと簿外債務など目に見えないリスクがあると自称専門家などが言うのですが、リスクは自分のわかる範囲で抑えられるのです。

そして、経営が順調であれば、そこから毎年、キャッシュフローが生まれて右肩上がりとなり、どこかの時点で費用と収益がイーブンになるポイントがきます。そこが投資資金の回収時期です。

その後、利益を積み重ねていくことで、企業価値が上がり、売却まで想定すれば最大となるポイントが見えてきます。そうやって、それぞれの会社を買った場合の、リスクとリターンを考えながら、会社を選ぼうというのが定量判断です。

その際に、知っておくべきことがIRR（内部収益率）という概念です。

IRRは、投資利回りとほぼ同じだと考えておいてよいです。

スモールM&Aでは、IRR10%くらいで十分いい投資と言えるでしょう。IRRは複利で計算されるので、たとえば300万円で買った会社をIRR10%で5年経営したら、約483万円になります。

IRRの計算は手計算では難しいですが、エクセルを使えば簡単にできます。皆さんもやってみてほしいと思います。

買いやすいビジネスモデル

こういう話をすると必ずと言っていいほど聞かれるのが、「どういう会社を買えばいいか」という質問です。

どういう会社を買えばいいかについては「定性判断」のところで説明したように、「好き」と「得意な業界」「得意な地域」の三つの円から考えることが大事ですが、確かに買いやすいビジネスモデルというのは存在します。

ここで、買いやすいビジネスモデルについてまとめておきますので、皆さんは三つの円で考えることを軸にしながら、買いやすいビジネスモデルについても参考にしていただきたいと思います。

買いやすいビジネスモデルとは、まず「ストック収入」があるビジネスです。

ストック収入とは、待っていれば何もせずとも入ってくる収入のことで、身近な例で言えば、マンションの家賃収入などがそれに当たります。ストック収入があれば売り上げが安定しますので、そういう会社は買いやすいと言えるでしょう。

ただ、マンションの家賃収入がすべてストック収入とは限りません。マンションがファミリー向けなら、借り主が長期に借りてくれることが多いのでストック収入になりますが、ワンルームマンションだったら、入退去が激しいので、収入が安定しない可能性があり、ストック収入にはならないかもしれないからです。同様に、マンションの立地場所によっても変わってきます。

売り上げがストック収入か、安定しているかどうかをきちんと見ることが大事で、それを確かめるには、過去からの継続取引やポートフォリオ分散がなされているかなどを詳しく見ることです。

ただし、過去10年、安定して取引が継続していれば、それはストック収入と言ってもおかしくはないでしょう。そういう検証ができるのが、中小企業を買う良さです。

一方で、売り上げの額は一定でも、売上先が毎回変わっているとしたら、それはストック収入とは言えないかもしれません。

その売り上げに拡張性があれば、その会社はさらに買いやすいと言えます。東京でやっているビジネスが、神奈川や静岡でも同様に展開できるのなら、売り上げを拡大させて、さらに安定させることができるからです。

次に、利益率が高いビジネスモデルもお勧めです。

見るのは粗利率でも営業利益率でもいいのですが、それらの数字が高いということは、その会社の商品に競争力があって、高く売れているということだからです。

たとえば、「はじめに」に登場した石川県の町工場を買った山下さんの会社は、事業としては取引先から供給されたネジなどの加工を行っていましたが、かなり粗利率が低く案件によっては赤字受注もあるとのことでした。誰にでも手掛けやすい加工だけをしているからです。

よって、粗利率を高めるために商流の川上へ行くべく、独自技術を使ったコーヒーミルを開発しました。販売の力が必要とはなりますが、粗利率は上がります。

また、権利ビジネスも利益率が高いうえに、手間が掛からないビジネスです。たとえば、2〜3店舗の繁盛店を買って、フランチャイズ（FC）展開をするというのも権利ビジネスを生む手法となります。

実際に、私のファンドが資本提携をし、私が役員を務めているベーカリーチェーンの「小麦の奴隷」も、老舗の繁盛店をM&AしてFC展開していくことを企図しています。そうすれば、加盟店から加盟料と原材料販売料という収益が定期的に入ってきます。

特許や著作権はもとより、老舗というのれんも競争の源泉となる権利ビジネスになり得て、持っているだけで収入が入るようにできるのです。

ちなみに、町工場でもネジやナットなどで特殊な製品を作っているところは特許を持っていたりしますから侮れません。権利ビジネスのように仕組み化されたものは利益率が高く、買ったほうがよいビジネスと言えます。

最後に、「ROE」が高いビジネスも狙い目です。

ROE（Return on Equity）とは自己資本利益率のことで、自分が出したお金である自己資本に対して、どれくらい利益が出ているかを示す指標です。

「たいしてお金出してないのにえらく儲かってるな」というのがROEの高い状態で、「こんなにお金出してるのにこれだけか」というのがＲＯＥの低い状態です。

製造業が主流の日本の中小企業はＲＯＥが低い傾向にあります。製造業は工場や機械などが必要となりますので、設備投資がかかります。その分の売上利益を出していればいいのですが、出ていない中小企業も多くあります。

特に、代々にわたって承継してきた土地や建物がある場合は、市場価格がとても高いにもかかわらず、その上物である工場からは通常要求される利益が出ていないというケースが多々見られます。

わかりやすい事例で言うと、酒蔵のようなケースです。江戸時代から広い土地と工場設備で酒を造っていますが、酒自体の収益性は低い。こういう状態の会社を買うと、投資資金の大半が土地代に消えてしまうことになります。当然ながら、その土地は会社を売却するまで手放せません。つまり、無駄に投資資金を寝かせてしまうことになるので、よい投資にはなりにくくなります。そういうビジネスモデルは買いづらいビジネスと言えるでしょう。

飲食店を買う際の注意点

特に買いやすいのは資金繰りがいい会社です。

経営で大切なのは、なんといっても資金繰り。資金繰りがいいかどうかはしっかりと意識して確認しましょう。

仮に売り上げが拡大したとしても、売り上げを回収するよりも仕入れ先への支払いが先であれば、資金繰りはよくはなりません。

こういうビジネスモデルでは黒字倒産ということもあり得ます。

一方、売り上げの回収は早くて、仕入れ先や外注先への支払いは後でいいというビジネスは、資金繰りに困ることも少ないので買いやすいと言えるでしょう。

その最たる例がAppleが行っているようなBtoCの受注生産モデルです。先にお金をもらってから、製品を製造して発送するという流れですから、製造にかかる費用は後に発生します。原材料などの仕入れが先に発生する可能性はありますが、それでも資金繰りはかなりよいモデルです。それに商品在庫を持たなくて済むというメリットも大きなものです。

飲食店も、飲食を提供したときにお金が入ってくるのに対して、食材や酒のように問屋から仕入れるものに関しては、まとめて後払いができるので、資金繰りはいいと言えます。

ただ、この資金繰りのよさが逆に仇《あだ》となることがあるのも覚えておいてください。というのも、支払いがずっと後だと、経営者は売り上げを自分のお金だと思って使ってしまい、いざ支払おうとしたら現金がないということになりがちです。

以下のようなポイントを見れば、その会社が買いやすいビジネスモデルかどうかを見極めることができます。

(1)売り上げが安定しているか
(2)利益率が高いか
(3)ROEが高いか
(4)資金繰りがよいか

この四つは、よい会社かどうかを評価するうえでの確認ポイントになります。

実際の会社探しのやり方は？

スモールM&Aをしようと心に決めて、情報収集（会社探し）を始めたとします。

先に、「買い手市場」「いまが買い時」と書きましたが、マンションを買うように簡単に買えるわけではもちろんありません。

マンションの売り物件の情報は「レインズ」という業界団体のネットワークに登録する決まりになっており、買いたい人は、SUUMO《スーモ》やYahoo!不動産を見れば日本中のすべての売り物件を見ることができるようになっています。

築年数、広さ、間取り、設備、売買価格、月々の支出（管理費・修繕積立金）など、判断に必要な情報がほぼすべて書かれており、比較検討が容易です。

会社の場合も、ネットで情報を探せる時代になりましたが、マンションほど整備されているわけではありません。

ＴＲＡＮＢＩ、ＢＡＴＯＮＺなどのＭ＆Ａマッチングサイトに掲載される会社数は日に日に増え、以前に比べてはるかに探しやすくなってはいます。しかし、情報は共有されていません。ですから、探す場合はいろいろなサイトを見たほうがよいでしょう。


また、都道府県ごとにある事業承継・引継ぎ支援センターを訪問し、自分の思いを伝え、情報を聞き出すこともお勧めです。

Ｍ＆Ａマッチングサイトに掲載されている情報や、事業承継・引継ぎ支援センターで最初に教えてもらえる情報は、売却希望の会社が特定されない「ノンネームシート」と呼ばれるものです。

これは、会社が特定されないよう限られたレベルの情報に留められています。事業の特徴や社員数、設備などの情報のほか、簡単な財務情報として、売上高、営業利益、純資産、有利子負債などのそれぞれの額が載っています。

案件の概要としては、株式譲渡など希望する買収方法（スキーム）が書いてあったり、「オーナー高齢のため」などという売却理由が示されていたりします。

希望価格は、金額が指定されていることもありますし、純資産＋営業利益何年分という書き方もあります。ただ、社名は出ていませんし、所在地もざっくりとしています。

個人M&Aは結婚と同じ

ノンネームシートを見て、「この会社いいな」「具体的な名前や所在地など詳しく知りたい」となれば、次の段階に進んで、NDA（Non-Disclosure Agreement＝秘密保持契約）を結ぶことになります。

NDAを結んで、情報を漏らさないことを約束したうえで、詳しい情報をもらうのです。その詳しい情報が書かれたものが、インフォメーションメモランダム（IM）と呼ばれる資料です。

IMには社名、オーナーの氏名、所在地はもちろん、会社の詳細な事業内容、財務状況（B/S、P/L）など、より詳細な情報が載っています。しかし、スモールM&Aの場合は、このような情報を取りまとめていないケースのほうが多いので、これらの情報を先方とのやり取りのなかで確認していかなければいけません。

ここから、売上高、粗利率、販管費、販管費比率、ＥＢＩＴＤＡなどを見て、分析していきます。ＥＢＩＴＤＡというのはＭ＆Ａではよく出てくる言葉で、簡単に言えば営業利益と減価償却費を足したものになります。ここから税金を引けば、年間にどのくらいのキャッシュが残るのかがわかります。対象の業種によって違いますが、ＥＢＩＴＤＡの２〜７倍くらいが買収価格の目安となります。

買い手はＩＭに掲載されるような情報を分析して、さらに知りたいことがあれば、メールなどで売り手と必要なやりとりを重ねていって、その会社のことを知ったうえで、「この会社を買いたい」と思うなら、次のステップに進みます。

実際にオーナーに会って話を聞く「マネジメントインタビュー」の段階です。

このマネジメントインタビューは、買い手側が売り手側のオーナー社長に聞き取りをするという建て前ではありますが、Ｍ＆Ａは企業の売買とはいえ、人と人のマッチングですから、相手も、自分の大切な会社を売っていい相手かどうかを見極めようとしてきます。

特にスモールＭ＆Ａは結婚のようなものです。お見合いのときの第一印象はとても大事です。自分は買う側なのだからと、上から目線でズケズケと根掘り葉掘り聞くというのはもってのほかです。むしろ、自分という人間を信用してもらうために、相手にプレゼンテーションする場だと思ってください。

そこで相思相愛になれば、基本合意契約（ＭＯＵ：Memorandum of Understanding）を結ぶことになります。これは結婚までのプロセスで喩えれば、「結婚を前提にお付き合いをお願いします」という約束のようなものです。

ＭＯＵは「買う前提で、会社情報をもう少し細かく見せてほしい」という契約であり、「絶対に買う」という契約ではありません。ＭＯＵには、だいたいの買収予定金額も記入しますが、デューデリジェンスをしていない段階なので、ここでは３００万～５００万円程度といったように、ある程度幅を持たせることができます。

購入から売却までイメージする

基本合意契約を結べば、その後がＭ＆Ａの実行フェーズとなります。次章で詳述するデューデリジェンスの段階です。ただ、その前に重要なことを一つ付け加えておきます。

それは、買収後のプロセスを考えておくことです。会社を買うのも、結婚も、買ったら終わり、結婚したら終わりではありません。買った後の経営、結婚した後の生活がどうなるのか、その先までイメージして、相手と話し合い、交渉をしておけば、失敗の確率をぐっと下げられます。

買収することが決まったら、「事業計画」を作ることになります。買収後はこの事業計画に従って経営をしていくので、事業計画は、会社を買った翌日からきちんと動ける体制という具体的なイメージを持って作ったほうがよいでしょう。

買収後の経営（ＰＭＩ：Post Merger Integration）を具体的にイメージすると、当然、その前の作業であるデューデリジェンス、事業計画作り、条件交渉などが変わってきます。ＰＭＩのイメージを持つのと持たないのとでは、買収後の動き方に大きな差が出るということです。

さらには、これから購入する会社を、あなたが何年間かオーナー社長として動かした後に、売却する際のこともイメージしておくことをお勧めします。

これは、いずれ会社を売って儲けたいという人だけでなく、自分は会社をずっと経営していくつもりだという人、自分の生活のためややりがいのために会社を買う人も同様です。

経営者はいずれ、会社の経営から退かなくてはならなくなります。

その先の会社をどうするつもりなのかを考えて、会社を買ってほしいと思います。

売却まで見据えてＰＭＩを考え、デューデリジェンスをし、会社を探すのです。

Ｍ＆Ａのプロセスは、会社探しから売却までがひとつながりなのです。

第6章　ここを見れば会社の実力がわかる

お金をかけずに会社を調査

ここからは会社を買う際に必要な手続きについて大まかな流れを記していきますが、実際に会社を買うプロセスに入らなければイメージしにくい部分もあります。

また、具体的な会社の買い方は、拙著『サラリーマンがオーナー社長になるための企業買収完全ガイド』（ダイヤモンド社）にも記しておりますので、そちらをご参照いただき、そこまで気持ちが固まっていないという読者の方は、第7章まで飛ばして読み進めていただければと思います。

MOU（基本合意契約）を結んだら、いよいよ売買交渉を進めていくことになります。スモールM&AではMOUまでは結ばずに、いきなり株式譲渡契約を結ぶことのほうが多いですが、基本的な合意を書面にするか否かの違いなので、後で揉めないように最低でも大筋の合意内容は残しておいたほうがいいでしょう。メールなどを使って、メモ程度のものでも構いません。

大まかな買収の目線が決まれば、デューデリジェンス（DD：Due Diligence）を行います。デューデリジェンスは「買収監査」などと翻訳されますが、会社を各方面からチェックすることです。

大きく分けるとビジネスＤＤ、財務ＤＤ、法務ＤＤ、税務ＤＤなどがあります。

ＭＯＵを結ぶ時点である程度、相手企業の情報は得られています。しかし提供される情報は先方の自己申告に基づいて書かれているので、それが本当に正しいのかどうかもわかりません。そこを調べるとともに最終的な買収価格を決め、お互いが納得する条件に落とし込まなくてはなりません。

その作業をデューデリジェンスと言います。

ただし、これらのＤＤを専門家に依頼すると、それぞれ最低でも50万円くらいは取られます。先に挙げた4種類のＤＤをすべて頼んだら、それだけで２００万円ほどかかってしまうことになります。

数千万円以上の会社を買う場合は、そのくらいのコストをかけてでも、買った後に損失が生まれるようなことを回避できれば費用対効果は見合うでしょう。しかし、皆さんが数百万円の会社を買うのであれば、専門家に払う費用だけでコスト倒れになることもあり得ます。

これを避ける対応としては、最大４００万円まで出る補助金を活用することが一つ。もう一つは、買う前に自らその会社に入って手伝うということです。「サラ3サロン」でも実際に業務に携わった後に会社を買った人がいますが、役員やコンサルタントなど、なにかしらの肩書で関与し、一度、なかに入って会社を見てみることがもっとも費用がかからず安心です。

また、会社には顧問弁護士や顧問税理士など専門家をつけていることがありますので、経営を手伝いながら、彼らに前掲の拙著『サラリーマンがオーナー社長になるための企業買収完全ガイド』に記しているようなことを最低限確認すれば、コスト倒れにならないデューデリジェンスを行うことができるでしょう。

リスクは事前に把握する

では、デューデリジェンスの基本的な目的とはなんでしょうか。それは、リスクを抽出し、定量化することで買収価格を最終確定することです。

ＤＤを行うなかでリスクが見えてきた場合、そのリスクヘッジのためのコストを計算し、その分、ＭＯＵで示していた買収価格を調整することになります。

たとえば、未払いの残業代があり従業員と揉めているなど、労働基準監督署から指導されると支払わなければいけない費用があることが判明したとします。これは法的に支払い義務がありますから、その支払い分を買収価格から差し引いてもらうといったことが挙げられます。

売り手オーナーが口頭で言っていた利益額より、実際に確認できた利益額が少なかった場合も、将来の利益がＭＯＵ時の想定より下がるわけですから、こちらも価格を変更してもらう必要性が生まれてきます。

このようにＤＤはＭＯＵ時に考えていた買収価格のズレを確認する作業となりますので、数百万円の会社を買うのに２００万円もの費用をかけてしまえば、買収価格の下げ幅に比較して、コスト高になってしまうことを想像していただけるかと思います。

その一方で、ＤＤは、プラス項目を探す作業でもあります。

ＤＤを元に事業計画を作るなかで、シナジー効果が生まれそうな部分や、自分の得意分野を生かしてバリューアップできそうな部分が見えてきます。

ＤＤで会社の持つ資産や事業の価値について詳しく見て、見つかったプラスとマイナスの効果を差し引きすると、買い手としての買収価格の上限が算定できます。

競合の買い手がいるような場合は、買収価格の提示を上げることにより買収可能性を高める（入札で取れる）ことができるかもしれませんので、費用対効果を総合的に判断しながらＤＤを行う範囲や費用を決めていくことが大事です。

事業計画を作る

本格的にデューデリジェンスを行った後は、インフォメーションメモランダム（ＩＭ）に記されているような情報と合わせて、買収後に経営をどう進めていくかを具体的に示す「事業計画」を作ることをお勧めします。

なぜ、事業計画が必要かというと、ＤＤで見えてきたマイナス項目とプラス項目を、具体的な数字や行動として、事業計画にまとめ上げ、それをベースに買収価格を確定するほうがより正しい計算となるからです。

中小企業の株価算定方法としてよく用いられるものに「年買法《ねんばいほう》（年倍法）」というものがありますので、これをベースに考えてみましょう。

これは、財務諸表のＢ／Ｓにある資産と負債の差額である「純資産」に、Ｐ／Ｌにある「営業利益」の3〜5年分を足し合わせるという計算式です。

具体的な数値でいうと、総資産が５０００万円、負債が３０００万円であれば、純資産は２０００万円。過去3年の営業利益が５００万円前後で安定していたとすれば、その3年分である１５００万円。純資産の２０００万円＋１５００万円で３５００万円を買収価格にしよう、という感じです。

ただし、この計算方式は慣習のようなもので、ファイナンシャル理論からすれば読み間違いが生まれる可能性のあるものですので、あくまで参考としてお考えください。

Ｂ／Ｓにある「純資産」を確定させるためには、ＤＤで資産と負債の存在を確認すれば問題ありません。一方で、「営業利益」の3年分というのは事業計画を作成しなければ簡単に出るものではありません。なぜなら将来の営業利益に対して株価を評価するわけですから、本当にその売り上げが続くのか、費用水準は変わらないのか、同じ程度の利益を生み出し続けられるのか、といったことを検証しなければいけないからです。

さらに現在の会社をそのままの状態で運営していくのか、なんらかのテコ入れをするのかによっても、事業計画は大きく変わります。

まずは、最低でも今後3年間、できれば今後5年間を視野に、売り上げをどれくらい上げていくか、利益をどれくらい出し、会社の資産をどれくらい増やすのかといったＫＰＩ（重要業績評価指標）を設定し、事業計画を立てていきましょう。

たとえばＤＤで営業の弱さが見えてくれば、営業を強化、効率化することでどの程度、売り上げを上乗せできそうか試算します。

もし原価の交渉を長年していないことがわかれば、交渉によってどの程度、費用削減が見込めるかも検討できます。

仕入れ先への支払い期限や商品の売上金の回収に関連する条件に交渉の余地があると思えば、どの程度、資金繰りの改善ができそうかも考えます。

在庫の管理を見直すこともポイントです。中小企業では在庫管理がアバウトで、仕入れの発注単位もいいかげんだったりしますので、発注方法をルール化して、どこに何をいくつ置いておくか、在庫のルールを決めるだけで、無駄な発注や不良在庫が減り、資金繰りの改善につながることは多いです。

資金繰りをよくすれば、事業運営で必要となる資金額が減っていくので、こちらも買収の価格に反映することができ、結果、自分の持ち出し額が少なくなる可能性が出てくるのです。

事前に調べるポイントはここ！

デューデリジェンスの意味合いをざっくり説明しましたが、もう少し具体的なチェックポイントと皆さんがテコ入れ（バリューアップ）できる視点を三つに分けて、項目別にお伝えしたいと思います。

まずは外部環境としての市場動向や競合関係です。小さな事業はマクロ環境にあまり依存しない印象があるかもしれませんが、最低限の考え方を記します。

次に、内部環境としてのビジネスフローに沿った確認です。業種によってビジネスフローが違いますが、製品を開発し、生産ラインに乗せ、営業活動を行うことで販売につなげるといったビジネスの流れを、対象の会社ごとに作成しながら理解していきます。この作業をすれば、それぞれの項目で起こりうるリスクや改善ポイントを漏れなく認識することができるでしょう。

最後に、経営管理です。組織のガバナンス体制が十分整っているか、従業員が活躍してくれる環境が整っているかは、将来の事業計画に大きな影響を与えます。

(1)市場動向と競合関係

その企業が置かれている外部環境として、市場動向をチェックし、ビジネスの将来性や規制変更の可能性があるかなどを調べます。

市場の将来性に関して、建設会社を例に考えてみましょう。マクロ環境を見れば人口が減少する日本ですから、これから新しい建造物がどんどん建っていくとは考えにくい。業界市場の将来性はネガティブと考えるのが普通です。

しかし、需要と供給で市場価格は決定しますから、建設需要とそれを提供できる建設会社の数(供給量)で個別企業の売り上げが決まってくると考えると、少し見方は変わります。

建設会社を新たに作るには資格を保有した技術者を集めなければなりません。そのうえで品質を管理し施工実績を十年以上積み重ねることで、やっと大規模な建設案件を受注できるようになります。また、技術者を遠方に派遣することは一般の商品を販売することなどに比べると難しいわけですから、受注できる商圏も限られます。

つまり、新規参入や他商圏からの参入は事実上難しい業界です。しかし、大廃業時代のなか、後継者不在や人材不足による建設会社の廃業は相次いでいます。市場全体としての需要は逓減しているものの、それ以上に供給が激減しているのが建設業界であり、特に地方は顕著にこの状況が露見しています。言い換えれば残存者利益が発生しているわけですから、将来予測として経営環境は悪くないと考えることもできます。

実際、中小企業向けの投資ファンドのなかには、地方の建設会社や設備工事会社をロールアップ買収（買収した企業とシナジー効果のある企業を連続的に買収し、企業価値を上げていく買収手法）しているところがいくつかあります。地域に散在する残存者利益の総和を作りにいっているわけです。

建設会社といっても、一人親方で家族経営をしていて、仕事の多くは協力会社に丸投げしているような小さな会社もたくさんありますので、皆さんでも、そのような会社を譲り受けて、業界を勉強しながらロールアップ買収で拡大をはかるということは可能でしょう。

大廃業時代の勝ち筋

次にチェックすべきは規制や許認可関係の動向です。たとえば介護会社を買うのであれば、公的介護サービスの点数の変化がすぐに売り上げに直結することになりますから、改正の動きがあるかどうかなどのチェックが必要です。

人口ピラミッドを考えると社会保障費の負担は年々増えていき、現役世代が負担できる限界もありますから、介護報酬は減っていくことが想像できるでしょう。そうすると介護業者にとってはマイナスの改定が行われ、売り上げが減少することが予測できます。一方で、介護業者は建設業者と比較すれば参入障壁は高くなく、先ほどの残存者利益を得るにはまだ時間がかかりそうです。

このように大まかな業界の動向と、そのなかに位置する対象会社のポジショニング、それらを取り巻く規制や許認可関係を確認しておくことで、地元でニッチトップを目指す経営ができるかもしれませんし、逆に、大きな業界の流れで淘汰されてしまう会社になるかもしれません。

面白いのは、この本を手に取った皆さんには、あらゆる業界を横串に刺す大廃業時代というマクロ環境の大波が見えているということです。

ベンチャーキャピタリストとして企業の勝ち負けがはっきりする業界を長年見てきた身としては、マクロ環境が成長しているビジネスにリソースを投下するのが勝利の定石です。

ベンチャー業界の歴史でいえば、インターネットの興隆やスマホシフト、SNSにクラウドやAIなど、時代時代で大きな波が来ますが、その周辺ビジネスに関与しておけば、市場の成長の波に乗ることができ、実力以上の力を発揮することができます。

大廃業時代はまさにそれなのですが、この横串と業界自体の成長という縦串をうまく組み合わせて大成長している企業があります。

それが、「SHIFT《シフト》」という会社です。この5年で、時価総額が約200億円から約4500億円（2023年5月時点）と20倍以上の成長をしています。

当初は、ソフトウェアのテスト事業の会社として株式上場しましたが、その後は、M&Aを一つの大きな成長手段として選択しています。縦串たる本業はソフトウェア開発周辺になりますから、昨今のDX化の流れでおわかりのように、大きな波に乗っています。

加えて、M&A戦略ではIT企業の事業承継の受け皿となることを標榜しています。ITベンチャーと大廃業時代はリンクしないと思われるかもしれませんが、日本のITベンチャーは1980年代頃から誕生し、すでに40年ほど経っています。後継者に事業を引き継ぐ会社が出始めており、これからはさらに増加することが予測されます。

ＳＨＩＦＴはこの縦横を組み合わせたマクロ環境の大波を成長ドライバーにしているのです。

話を戻しますが、少なくとも皆さんは横串のマクロ環境の波を捉えるきっかけを摑んだわけですから、中小企業への投資という勝ち筋、「残存者利益」に着目してほしいと思います。

技術革新による影響を見極める

（2）ビジネスフロー

次に、内部環境たる企業の中身、ビジネスのデューデリジェンスです。これは、実際のビジネスフローに沿ってチェックしていくことで、抜け落ちや漏れを防ぎ、体系立てて検証することができます。

ビジネスフローは業種や業態によって変わりますが、ここでは製造系の会社を念頭に、フローを各段階に分けて、調査すべき項目を見ていきます。製造系のビジネスフローは大きく研究・開発→仕入れ→生産→新規営業→既存営業という流れになりますので、この5項目に分けて説明します。

（2-1）研究・開発

まずは研究・開発ですが、これは新しい技術が出てこないか、開発が特定の人に依存しすぎていないかなど、研究・開発を継続するのにリスクがないかを確認します。

新技術が与える影響について、自動車の内燃機関（エンジン）に関する部材を納入している企業を例に考えてみましょう。

すでに業界最大手のトヨタ自動車が電気自動車（ＥＶ）へのシフトを２０２６年までに１５０万台と目標設定しています。２０３０年には３５０万台ですから、製造総数約１０００万台に対して、現在（２０２３年３月期）の０・３８％（３・８万台）から、３年後（26年）に15％、７年後（30年）には35％に伸ばす計画です。

ＥＶはもちろんエンジンを不要とするわけですから、トヨタの計画通りなら、エンジン部材を製造している会社の３年後の売り上げは単純に15％減少し、７年後には35％減少してもおかしくありません。一番わかりやすい技術革新による売上毀損でしょう。

また、研究開発は属人的な依存度の高い領域になりますので、オーナー社長がいなくなったことで中心となる人物が会社を去ったりすれば、経営に大きな打撃を受ける可能性が高まります。

私の投資先では、商品の設計を一人の従業員に依存していたケースがありました。その人にいきなり辞められては事業が立ちゆかなくなるので、買収時の最終契約では、その人が株式譲渡のタイミングで辞める場合や６ヵ月以内に辞める場合などに、購入代金の一部を返還してもらうという条件を入れました。

ビジネスには、その条件が満たされないと事業を継続できなくなるリスクというものがあります。私が行ったように、価格面でリスクヘッジする場合もありますし、キーマンとなる人を慰留するなど、他の方法もあります。

技術を継承する方法があるなら、買収前に可能かどうか模索してみて、実現可能だと判断したら、その方法にはどのくらい費用や時間が掛かるのかを詰めていきます。別の人に技術を学んでもらう場合の引き継ぎ期間の人件費や、システム化する場合の投資金額などです。多くの費用が掛かるのなら価格算定に反映する材料となります。

皆さんが引き継ぐような小さな事業は、オーナー社長に技術力や企画力を依存しているケースが多いでしょう。しかし、属人的な力を必要以上に過大評価する必要もありません。やや強引な言い方をすれば、９割以上は属人的なものではなく、継承可能なものです。オーナー社長といえども人間です。その方の人生において蓄積してきた技術力や企画力なら、引き継げないものではありません。少なくとも私が見てきたスモールＭ＆Ａで引き継ぐことができなかったものはありません。

支払い条件を交渉する

（２－２）仕入れ

仕入れの部分では、仕入れ先から継続的に仕入れ商品を供給してもらえるかということが一番大切です。中小企業は仕入れ先のポートフォリオが組まれていないところも多く、特定の仕入れ先への依存度が高ければ、その会社が廃業すれば売るものがなくなるということにもなりかねません。

同様に、特定の仕入れ先との長い付き合いで価格交渉を行っていないこともよく見かけます。皆さんがテコ入れできるのは、広く相見積もりを取ることです。これにより原価率が数％低減するということもありますし、仕入れ先が広がることで、万が一の事態を回避することができるかもしれません。

次に大事なのは支払い条件です。支払い条件を見ると、対象会社に信用があるかどうかがわかります。

信用がないと、支払い期限の条件がタイトになります。最近は少なくなってきましたが、支払手形を使っている会社なら、通常、月末締め翌月払いのところを何ヵ月後かに支払う条件で認めてもらっているわけですから、それなりに信用があるということになります。逆に、商品納品時に支払いを要求されていたり、発注時に何割かの支払いを要求されていたりするような会社であれば、仕入れ先からの信用が低いのかもしれません。

仕入れ価格と同様に、長年の付き合いで支払い条件について交渉をしていないのであれば、社長交代を機に一度は交渉をするべきでしょう。交渉の結果、即日現金払いを翌月払いにできそうということなら、資金繰りに1ヵ月分の余裕ができる（投資資金をその分、早く回収できる）ことになります。

（2-3）生産

生産で一番大切なのは製造能力の確認です。いま現在の設備や人員などの稼働率がどの程度なのかを確認しましょう。中小企業は、目の前の仕事を回すのに精一杯で、あなたが会社を譲り受けて売り上げを伸ばそうと試みても、そもそも製造能力がいっぱいいっぱいということがあり得ます。

特に、中小企業の設備は数十年にわたって投資しておらず、老朽化しているものを社員が場当たり的に修繕して使っていることも少なくありません。引き継ぎ後に大幅な修繕や設備の入れ替えなどが必要な場合もありますので、過去の設備投資の履歴と耐用年数を確認して、今後必要となる設備投資計画を立てることが大切です。

ただ、設備投資を考える前に、それが自前の設備でないと駄目なのかも検討すべきです。数十年前は自社で設備投資しないと仕事になりませんでしたが、いまは外注などの情報も民主化されています。

たとえば、外注生産体制をＤＸで支援する「キャディ」という会社があります。２００億円以上の資金調達を行っているユニコーンベンチャーですが、この会社のサービスを使えば、必要な部材や工程を全国の工場へ廉価で発注することができます。外注をうまく使うことで生産能力を拡張できれば、売り上げを拡大する戦略を立てることもできます。

こうしたサービスを使ったり、外注先の相見積もりを取ったりしてリスクヘッジができないのであれば、昨今の物価高の折、外注先からの値上げ要請を受けざるを得なくなる可能性があります。そうしたケースを想定して、外注先への支払いにどの程度の値上げ圧力がかかりそうかを確認し、原価率への影響を考慮しなければいけません。

また、外注先企業から、「関係の深いオーナーだったからこれまで安く受注していたが、オーナーチェンジをするのであれば適正価格に戻してほしい」という要望が上がることも中小企業の事業承継ではよく見かけるシーンです。外注品の相場を確認し、それをベースに事業計画に反映しておく必要があるでしょう。

新規営業の可能性を探る

（2－4）新規営業

研究・開発のＤＤが終わり、仕入れと生産体制のＤＤに問題がなければ、その製品を売っていくシーンに問題や改善箇所がないかを見ていきます。

まず、新規営業をして新しい顧客を獲得し続けることはできるのか、それを可能にする潜在顧客はどのくらいいるのかなどを確認します。

実は、新規営業の部分は、社長が交代することで改善できる一番のポイントです。というのも、中小企業で営業担当部署があるところは稀だからです。新しく営業をしなくとも、既存顧客からの受注で数十年にわたり売り上げを維持してきた中小企業がほとんどなのです。

私の友人が４代目として家業を引き継いだ会社がありますが、彼は事業を引き継いだ後、過去の財務諸表を見てみました。すると、この30年ほどにわたり、ほぼ顧客は変わっておらず、売り上げも60億円の前後１億円程度のブレでずっと推移していて驚いたそうです。つまり、売り上げが増加することで生まれる設備投資やリスクを取ることを嫌い、継続的に同じ売り上げが立つようあえて営業を行っていなかったそうなのです。

もちろん、それでも儲けが出ているわけですから、そこに皆さんが社長として入って新規営業を強化することで、新たな売り上げを作れる可能性があります。

潜在顧客の営業リストを作り、それぞれにアタックしながら新規顧客を作っていくのは常に成長を求められる大手・中堅企業経験者であれば得意の営業活動でしょう。

私が投資を検討した先で、大手自動車メーカーの下請けをずっとやっていた金属加工の会社が、リーマンショックの影響で大手からの発注が止まって困っていたときに、同じ工業団地にある自動車関連産業以外の会社に声を掛けたら、それだけでいろいろと注文が来て、どんどん売り上げが上がったという話がありました。

つまり、それまでは既存顧客のみを見て、工業団地の隣の会社にすら声を掛けていなかったのです。こういうレベルの営業状況でも経営できているというケースは珍しいものではありません。

中小企業において新規営業の部分は、それだけバリューアップの可能性が高いということです。

取引先に倒産の可能性はないか

(2-5) 既存営業

いくら新規営業を行っても既存の取引先との取引が継続しなければ、売り上げの総体は下がるかもしれません。それどころか、新規営業の獲得コストを考えると利益ベースでマイナスにもなりかねません。よって、既存の取引の継続性を見ることも重要になります。

まずは売り上げの多いところから、社長が交代しても取引を継続してもらえるかを確認していきます。これも売り手オーナーとの古くからの関係性で購入価格などを高く設定してくれている取引先もありますから、割り引いて考える必要があります。

また、既存取引先では、取引継続のためリベートが発注の条件になっていることがありますので、リベートを払っていないか、それが適正なリベートなのかについてもチェックしましょう。

リベートはコンプライアンスに抵触したり、法律上のリスクがあったりするのと同時に、利益を削るものでもありますから、その必要性や要求される度合いも含めて、きちんと明確にする必要があります。

さらに、主要な既存取引先に関しては、その会社が倒産しないか、売掛金を回収できるかということも確認する必要があります。

そういう主要な取引先については、オーナーに話を聞いたり、帝国データバンクなどの情報機関のデータを調べたりして、与信についても確認したほうがいいでしょう。

商品が売れて売り上げが立っても、代金を回収できないと意味がありません。中小企業の経営では、売上代金を回収できないことは往々にしてあるので、経営者になるなら「着金がすべて」ということは肝に銘じ、取引先の与信管理には重々気をつけてほしいと思います。

キーパーソンを見極める

(3-1) 経営管理

会社の組織マネジメントの部分も確認すべき重要な要素です。ガバナンスが行き届いていなければ今後の企業経営において大きなリスクを生むことになりますし、企業経営の重要な部分を形成する従業員の皆さんが継続的に働いてくれなければ経営は行き詰まってしまいます。

また、親会社や子会社があればその関係性や、従業員のモチベーション維持に貢献しているのは何かなどを調べ、それが買収後も継続して、利益を生み出す形になっているかを確認していきます。

まず、子会社や関連会社があれば、その関係や取引について詳しく見ます。企業規模のわりに売り上げが多いので調査したところ、子会社と循環取引をしていて、売り上げを水増ししていたことがわかる場合もあります。

承継の際に親会社だけを買う場合、子会社、関連会社との関係が切れても、会社の経営に影響はないか、追加でコストが掛からないかなどについても確認します。たとえば、親会社と子会社の両方の事務を、一人の担当者が見ているということがあります。その担当者が子会社のほうに残って関係が切れるのなら、こちらとしては新たな担当者を雇わなくてはならなくなります。これは追加コストとなって利益率が変わるので、価格算定に織り込む必要が出てきます。

組織・人材の調査で、一番の懸念は人材の流出です。

デューデリジェンスでは、主要幹部やキーパーソンとの関係を前オーナーが取り持ってくれるかを聞いたり、必要があれば彼らと面談をしたりして、辞める可能性について探ったほうがいいでしょう。

こちらも取引先と同様に、売り手オーナーとの長年の関係で働いているものの、オーナーチェンジをするなら辞めるという人が一定数出てきます。特に、定年を超えている年齢の従業員であれば、お付き合いで働いてくれているケースも多いので、辞める可能性が高まります。このような場合は、新しい従業員を雇うことを考えておかなければいけません。

ちなみに、「サラ3サロン」メンバーの事業承継を見ていると、承継後に従業員の2〜3割は辞めています。先の理由もありますが、新しいオーナーのもとで方向性が違うという理由で辞める人もいます。

オーナーとして社員が辞めるとショックを受ける人もいるのですが、これは新陳代謝とも言えますので、必ずしも悪いことではありません。

給与水準を確認することも大切です。中小企業では、利益が出ているのに従業員の給料が相場より低いことがあります。長年にわたり給与水準を上げていないにもかかわらず、オーナーのリーダーシップによって従業員が薄給でもついてきていたというケースなどです。

給与台帳を見れば従業員の給料はわかるので、地域の採用エージェントやハローワークなどに話を聞いて、その会社の給料水準の妥当性についてチェックするという手があります。

給与水準が相当低いレベルなら、これもまたオーナーチェンジを機会に、給料アップを要求される可能性がありますし、いずれは給料を上げざるを得なくなるかもしれません。そうなると経営コストが上がるので、これも買収価格に織り込んでおく必要があります。

（3-2）資格・許認可

会社がそのビジネスをするためにきちんと許認可を取っているか、必要な資格保有者はいるのか、といったことも確認が必要です。

たとえば、宅地建物取引士の資格を持った人がいないと不動産仲介はできませんし、一級建築士がいないと建設業の建築確認は下りません。

事業承継のタイミングで資格保有者が辞めてしまったり、法改正によって許認可や資格保有者が新たに必要になったりすることはないのかどうか確認しておきたいところです。

未払い賃金はないか

ここまでデューデリジェンスにおける確認ポイントを挙げてきました。そんなところまで確認が必要なのかと驚いている読者もいるかもしれませんが、中小企業ではよくある話ばかりです。

中小企業というのは、そもそもガバナンスが利きにくい存在です。

上場企業のように株主がたくさんいたり、監査が義務づけられていたりすれば、経営の透明性は高まり、コンプライアンス違反にも敏感になります。しかし、オーナー社長が経営する中小企業ではそうした牽制が働きにくい仕組みとなっています。

このような状態で、経営管理におけるリスクとして多いのが未払い賃金の問題です。

働き方改革の流れで、残業代や時間外、休日手当などは適切に支払われているか、管理監督者の位置付けは正しいかなど、従業員への処遇が厳しく見られるようになりました。

管理監督者の位置付けの問題とは、労働基準法で管理監督者に該当する者には残業代を支払わなくていいことを悪用して、実態は管理監督者としての権限がないのに、肩書だけ課長などの管理職にして残業代を払わないという問題です。

大まかではありますが、これらのような視点で会社を確認していき、それらデータの証拠となるもの（銀行明細や支払請求書、登記簿謄本や各種契約書など）をチェックするのがデューデリジェンスと呼ばれるものです。

もっと詳しく知りたい方は、この章の冒頭に挙げた拙著『サラリーマンがオーナー社長になるための企業買収完全ガイド』でご確認ください。

このようなデューデリジェンスを通じて、財務諸表にある売り上げ、利益、資産や負債の確からしさを確認し、買収後においても同様の数字になるか事業計画を立てながら確認していきます。その事業計画をベースに最終的な買収価格を決定していくのです。

簿外債務を怖がりすぎない

スモールM&Aのリスクとして、自称専門家や多くの人が指摘したり、心配したりするものに「簿外債務」があります。

簿外債務とは、財務諸表に表れない債務のことを指します。たとえば、会社名義で他社の借入金を連帯保証し、対象者の支払いが滞れば代わりに支払いを要求されたり、販売先からのクレームが顕在化すれば損失補塡をしなければいけなかったりすることがあります。内容が複雑になるがゆえに、素人はM&Aで簿外債務を見極めることができないとよく言われます。

しかし、私はいつも「簿外債務は大きな問題にはならない」と答えています。

というのも、皆さんが行う事業承継は、通常のM&Aで想像される騙し騙されというイメージではなく、売り手側のオーナーと、心と心を通わせて行うものです。再三にわたりお伝えしていますが、オーナーの多くは、自身が作り上げてきた事業、そして、それを形成する従業員や取引先との関係が末長く続いていくことを願っているのです。

つまり、事業承継はオーナーと二人三脚で進めていくものなので、売り手と買い手の信頼関係なくしては成立しないということです。もし、売り手側に信用が置けないとか、「なんか嘘をついてそうだな」と思うのだったら、買収をやめればいいのです。

人と付き合うのと同じ感覚で、「この人とはやれる」「この人なら信頼できる」という感覚で進めるものなので、そうやって進めたM&Aで、買収後に簿外債務がボコボコ出てくるといったことはあり得ないでしょう。

さらには、理論的にも経営者保証さえしていなければ、前述の通り、投資価格がリスクの最大値ですから、仮に簿外債務が見つかったとしても、想定内のリスクテイクとしてプロジェクトが終わるだけです。

もちろん、経営状況が悪化したり、簿外債務が発生したりという事態になっても、借りたお金は返すというのが原則です。ただ、「素人が行うスモールＭ＆Ａは簿外債務が発生して借金まみれになって身を滅ぼす」と、過剰に煽る人がいますので、あえてこのように説明しておきます。

あなたが買いたい会社があり、あなただから売りたいという経営者がいます。

その会社をあなたが引き継ぐことで、廃業するしかなかった中小企業が生き延びることができ、日本経済の役にも立つのです。

しかも、そのための環境は急速に整備されてきています。

最終章では、そのチャンスを逃さず、会社を買ったサラリーマンたちの体験談を紹介します。

第7章　会社を買った人たちが語る

副業で300万円のジムを買う

これから登場する3人は、いずれも私が主宰する「サラ3サロン」のメンバーや勉強会に登壇してくれた方で、M&Aの専門家ではありません。

それぞれの体験談の後に、私の分析も加えています。うまくいった部分、事前の想定と違った部分など、会社を買うということをより身近に感じてもらえるはずです。

CASE1　サラリーマンの副業でパーソナルジムを買ったMさん(30代)の告白

大学を卒業して衆議院議員の私設秘書を4年したのち、ITベンチャーの経営管理の担当を経て、家具販売会社の大塚家具に転職しました。そこで社長秘書兼経営企画を担当した私は、同社が大手家電販売チェーンのヤマダホールディングスに買収されたことで転籍。今はIRやESG関連の施策を行っています。勤務先が群馬県高崎市にあるので、私も2022年3月、そちらに移住しました。

また私はサラリーマンをしながら、副業として個人事業で、事業計画の策定や補助金・融資の申請書類作成のサポートなどをしていました。

そんな私が個人M&Aに興味を持ったのは、三戸さんの『サラリーマンは300万円で小さな会社を買いなさい』に出会ったからでした。

最初は頭のなかが「?」マークでいっぱいでしたが、読み進めるうちに腑に落ちることがたくさんありました。

後継者のいない会社を買って引き継がせてもらうことは自分にもできるだろう。議員秘書時代に感じていた後継者不足という問題の解消にも、少なからず貢献できるかもしれないと感じたのです。会社員生活にも学びは多いので辞めることは考えず、会社員を継続しながら副業で会社を経営できるのであれば買おうと思い、2021年3月に三戸さんが主宰するサロンに入会しました。

最初はM&Aマッチングサイトや日本政策金融公庫、事業承継・引継ぎ支援センターに登録し、幅広く会社を探しましたが、仕事をしながらだったので、次第にマッチングサイトを主に使うようになりました。

気になった会社に何件かアプローチしたものの、競争入札に負けてしまったり、基本合意まで行ったけれど事業性に不安があって買収を断念したりといったことがあり、一時は熱が冷め、会社探しをやめてしまった時期もありました。

しかし、サロンのメンバーがどんどん会社を買っていくのを見ていると、「自分の目的は何だったのか。目的が会社を買うことなら、会社探しをしなければ始まらない」という当たり前のことを思い出して、気持ちを入れ直し、「もう一回チャレンジしよう」と決めました。

久しぶりにマッチングサイトを見た2022年1月17日、ちょうどその日に公開された案件が目に留まりました。それが今回購入したパーソナルジムでした。

後で聞いたところによると、関東で6店舗経営しているパーソナルジムで、元K‐1選手がオーナーをしていたのですが、オーナーが農業系ベンチャーを始めるため、ジムは売却することにしたそうです。

6店舗あるうちの5店舗は各店舗のトレーナーなどが買い取ることで話がまとまったのですが、群馬県前橋市にある1店舗だけ後継者が決まらない。そこで事業譲渡を考えているとのことでした。

ジムは市の中心地にあり、国道沿いの交差点の角地という好立地。そのわりに家賃は8万円ほどと安く、すでに5年以上の運営実績がありました。会員も40名ほどいて、営業利益もしっかりと出ている。

当時、私は東京に住んでいましたが、本業の関係で移住する予定だった群馬県にあるというのも気に入りました。売却希望金額は300万円。「まさに『サラ3』だ」と思い、気持ちが躍りました。すぐに秘密保持契約を結んで実名交渉をはじめ、２日ほどやりとりをして面談のアポを取りました。

なぜこんなに安いのか？

オーナーの方に聞いたところ、最初にアプローチしてきたのが私で、その後すぐに４〜５人続いたそうです。オーナーはそのうち私を含めて３人と会ったそうですが、「最初にメッセージをくれた人にはグッと思い入れができるよね」と言ってくれました。躊躇せず、すぐにアプローチしたのは正解だったと思いました。

面談前に先方から送られてきたＰ／Ｌは、前月の単月分のものでしたが、業績は上々でした。単月で25万円ほどの利益が出ていました。そのまま年間に直せば、ちょうど３００万円ですから、現在のまま運営するだけで買収金額はわずか１年で回収できることになります。『サラ３』には「純資産＋営業利益の３〜５年分」が買収金額の一つの基準だと書かれていたため、ちょっと安すぎるのでは、話ができすぎていると思いました。

また、販管費は家賃とトレーナー一人分の人件費しか書かれていない。「いいな」と思うのと同時に、「怪しいな」という思いも浮かんだ私は、オーナーに１年分のＰ／Ｌを見せてほしいとお願いしました。

数日後に1年分のP／Lが送られてきて確認したところ、やはり営業利益が年間300万円近く出ていました。8月の売り上げがゼロでしたが、それはトレーナーが新型コロナウイルスに感染して、1ヵ月まるまる店を閉めたからだと説明を受けました。私はなぜこんなに安いのかという疑念を拭えないまま、面談に臨むことになりました。

東京から車で2時間かけて前橋市の店舗に行きました。やはり店の立地は最高でした。ロードサイドで視認性がよく、人も車もバンバン通る。そこに駐車場が3台分ついている。これで8万円という家賃は都内では考えられません。

お客様とトレーナーのマンツーマンレッスンなので、店舗にいるのはトレーナー一人でいい。入金はキャッシュレスでレジに現金を取りにいく必要もなく、オーナーの手間もかからない。会員制で固定客はついている。スケジュールを見せてもらうと、予約の枠はまだまだ空いているのに、利益は十分に出ている。スケジュールを埋められれば、さらに利益が上がることもわかりました。

オーナーは私よりも一つ年下で、とてもさっぱりした印象の人物でした。お互いざっくばらんに自分自身のこれまでのことを伝え合い、私は「気が合った」と感じました。そこで私は、なぜこんなにも安いのかを聞き出したくなり、「300万円という価格は、オーナーさん的にはどういう根拠で出したんですか」と聞きました。

すると、「他の店舗もそれくらいの値段で譲渡したので」という答えが返ってきました。どうやらその金額は、自分がこれまでに出したお金と掛けた時間を勘案して、これくらいで譲りたいというざっくりしたもので、純資産＋営業利益の何年分といった計算式は知らないようでした。

こっそり店の前に張り込んだ

「なんかこの話、うますぎじゃないか」という疑念は拭えませんでしたが、一方で「こんないい案件はすぐに他の人に取られてしまうかも」という焦りもありました。

実は個人Ｍ＆Ａに興味を持ち、具体的に動き始めたころ、入札である法人に負けてしまったことがあります。その案件こそパーソナルジムだったのです。その時の後悔が蘇りました。

しかし、即決するにはやはり判断材料が足りない。少しでも時間が欲しいと思った私は、「超買いたいです」と意向を伝えたうえで、翌週に体験レッスンの予約を入れ、「オーナーさんが大切に育ててきた事業なので、ぜひ一度体験させてほしい。そのうえで、値段付けも含めて、もう少しこの事業の価値を見させてください」とお願いしました。

翌週、再び前橋まで行き、30分間のキックボクシングの体験レッスンを受けました。とてもいい運動になるし、トレーナーの人格もレッスンも素晴らしい。確かにこれは固定客がつくだろうと思いました。やはり体験してみてよかった。

帰り際、オーナーから「あなたにぜひ売りたい」と言われました。「他に買いたいと言ってくれた人とも会ってみたが、あなたはすぐに会いにきてくれて、体験レッスンも受けてくれた。まったく違う畑のサラリーマンが、ジムをどう経営するのか見てみたい」と言ってくれたのです。

本当は決断を先延ばしにするために体験レッスンを受けたのですが、それで私も決意が固まったし、オーナーとしても私を選ぶ決め手になった。やはり個人M&Aは、人と人との取引なのだなと痛感しました。

とはいえ、事前にやることはやりました。オーナーにある日のスケジュールを確認して、こっそり店の前に張り込んで、スケジュール通りにきちんとお客さんが来ているのかを確認したり。もちろん、お客さんはちゃんと来ましたね。すべて順調に進んでいました。しかし事業譲渡の契約日を2022年3月31日に決め、最終の契約書作りを始めた頃、最初にして最大のトラブルが起きました。

ジムにただ一人しかいないトレーナーが突然、「退職します」と言ってきたのです。

このトレーナーはオーナーチェンジが起こることは知っていて、私も面談をして良好な関係を作っているつもりでした。私がオーナーになった後のことについても確認しており、「ゆくゆくは地元でジムを開きたいが、タイミングはいまではない。しばらくはここのトレーナーを続けます」と聞いていたのです。

しかし、人の心は変わるものです。退職理由を聞いてみたところ、「いまこそ自分の地元に帰って、パーソナルジムを開業するタイミングなのではないか」と思い直したといいます。

私はこの事業の最大の経営資源であり、最大のリスクである「人」を甘く見ていました。トレーナーありきのパーソナルトレーニングジムなのだから、トレーナーがいなくては成立しません。

オーナーに「スタッフが一人もいないのでは売り上げが立たない。これでは買えない」と伝えたところ、オーナーも謝罪するほかなく、二人で頭を抱えることになりました。契約はいったん、ペンディングになりました。

簡単ではないが難しくもない

ただし、この問題は乗り越えられることになりました。そのトレーナーに二人で頼み込んだところ、7月いっぱいまでは残ると約束してくれたのです。トレーナーには地元での自分のパーソナルジムの開業を8月以降にしてもらいました。それと同時に、本業のヤマダホールディングスの後輩で、陸上の世界大会に出たことのある元アスリートに頼み込み、夜だけトレーナーとして来てもらうことになりました。並行して求人広告を出したところ、候補者が何人か応募してくれて、後任のトレーナーを一人、雇用することができました。

M&Aの実行は予定より2ヵ月延び、最後は本当にバタバタでしたが、2022年6月1日から私がジムのオーナーになりました。

もとからいたトレーナーが退職して、トレーナーが交代した後も会員数は順調に増えています。いざというときのために新しくスタッフを雇ったりもしたので、人件費は上がりましたが、それでも直近の1ヵ月では営業利益も増えています。いまは近隣に新たな店舗を借りることも考えているところです。

実際に買収をしてみた感想は、「簡単ではないが難しくもない」というものです。さらに感じたことは、店舗型のリアルビジネスは、固定費が安い地方では本当に狙い目だということでした。私は群馬県にゆかりはなく、たまたま仕事で群馬に移り住むことになりましたが、それが今回の成功を招きました。UターンやIターンでの個人M&Aはチャンスがあると思います。

＊　＊　＊

本件ではMさんが譲渡価格が安すぎると疑心暗鬼になっていたようですが、大型M&Aがファイナンシャルモデルをベースに計算されているのに対し、中小企業の譲渡価格はオーナーの気持ち次第です。このケースでは、他の店舗をトレーナーたちに譲った〝身内価格〟をベースに、最後に残った店舗だから安かったということもあったでしょう。

私も、営業利益が年間1100万円出て、市場相場からすると3000万円は下らない、むしろ4000万〜5000万円くらいの店舗の売却を友人に頼まれて手伝ったことがあります。このときは「三戸さんが買ってくれるなら1500万円でもよい」と言われました。

売却額は営業利益の1年程度にしかならないのですが、大切に育てた事業をその後もしっかりと面倒見てもらえたり、成長させてくれたりする人にお願いしたいというのは、自分で事業を興し、従業員を雇い、取引先や顧客を抱える親心としては当然のことなのです。

これは逆も然りで、営業利益が1億円の事業に対し、20億円でないと売らないという友人の会社もありました。譲渡価格については、純資産に営業利益3〜5年分を加えたものという相場観や、ＥＢＩＴＤＡ倍率２～７倍というファイナンシャルな計算から生まれる株価の計算方法も知識としては重要ですが、それだけにとらわれないことが大切です。

証券マンが水産加工会社に

CASE2　営業利益2000万円の水産加工会社を3000万円で買ったTさん（40代）の告白

大手証券会社に勤めていた私は、40代も後半に差し掛かった頃、『サラリーマンは３００万円で小さな会社を買いなさい』を読んで衝撃を受けて、サロンのメンバーになりました。個人Ｍ＆Ａに本格的に興味を持ち、会社探しを始めた私は、父親の伝手で、関西で海苔の製造などをしている水産加工会社が後継者を探していることを知り、２０１９年２月に交渉をスタートさせました。

創業70年ほどで、従業員は20名弱。総資産は１億数千万円、売り上げは１億数千万円、営業利益は２０００万円ほどで、業績は堅調な会社でした。

当初想定していたよりも規模が大きい会社だと思いましたが、この規模の会社が本当に買収できるなら、これは大きなチャンスかもしれないと感じました。夫婦で経営し、夫が会長で妻が社長。子どもはいますが後は継ぎませんでした。経営者夫婦がいずれも高齢となり、体調面でも不安が出てきたため、後継者を探していたそうです。

ファーストコンタクトは、まずは感触を確かめるために、自分が会社を継ぐことに興味を持っているとは言わずに、会社や事業承継の状況について話を聞きたいとお願いし、面談をしました。

会社の歴史や特徴などを聞いて、オーナー夫婦の話からは会社に対する強い愛情を感じ、いい会社だなという印象を持ちました。1500坪ほどある工場には、塵《ちり》ひとつ落ちておらず、感動しました。

さらにオーナー夫婦と私は大学が同じで、会長とは高校も同じでした。地元が同じ、学校が同じというのは、特に地方では、とても強い縁を感じるものです。私たちは地元の話で盛り上がりました。私は思わずその場で「自分が買います」と宣言してしまいました。そんな私にオーナー夫婦も悪い印象を持たず、むしろ歓迎してくれているように感じました。

それからは決算書などをもらって目を通しました。キャッシュフローは黒字で回っていて、過去最高の売り上げ。こんなにいい会社が本当に買えるのだろうかと不思議に思うほどでした。

私はこの会社をさらに伸ばしたいと思い、事業計画を練りました。まず考えたのは、販売ルートの拡大です。この会社の販売先は、創業以来付き合いのある問屋に卸すルートと、ネットスーパーのOEM（自社ではないブランド名で販売する商品を製造すること）の二つしかありませんでした。それ以外にはまったく営業をしていなかったのです。

対照的に、長年、証券会社で営業マンをしてきた私は、営業には自信がありました。どんな会社の株や、新しい金融商品でも絶対に売り切るというのが前職では当たり前でしたから。知見のない水産加工食品業界とはいえ、販売する商品を事前に勉強して、どういうセールストークで売り込むかという基本は証券営業と変わりません。あとは飛び込み営業をすれば新しい販路を獲得できることが容易にイメージできたのです。

ほかにも面白いことがわかりました。オーナー夫婦はパソコンがまったく使えないのに、EC事業が伸びているのです。これはネットスーパーのOEMでの販売のおかげでした。

このことは自社でネット販売ができれば、より高い利益率になるということを示しています。さらに新たな展開を考えました。その会社が取り扱う海産物は基本的に病気予防のための化学処理をしていましたが、化学処理をしていない新鮮な素材を使った高級ブランド商品を作り、高価な値段で売ることを計画したのです。同時に海外展開も視野に入れました。

2年で買収資金を回収

ファーストコンタクトからおよそ1ヵ月後、値段交渉のために私は再びオーナー夫婦と面談しました。そこでわかったのが、会社の借入金に経営者保証がついていることでした。私は経営者保証を引き継ぐつもりはなく、外すことができなければこの話は断ろうと思いました。

オーナーにその旨を正直に伝えたところ、驚きの返答がありました。経営者保証は現状通りオーナーが負ったままで2年間、会社を手伝うとおっしゃってくれたのです。

私は想定外の申し出に驚き、「買います」と即答しました。

値段についても、オーナーから「あなたの言い値でいい」と言われました。頭のなかで、証券会社を辞めてもらえる退職金や、貯金を計算し、その場で「3000万円でどうでしょうか」と伝えました。営業利益の1年半分ですので、かなりの割安です。2年も待たずに買収資金を回収できることになります。

オーナーはその値段の安さにショックを受けているようでしたが、最終的には「一緒にやるんだから、その値段でいい」と言ってくれて妥結しました。

後からわかったことですが、実際にはこの会社の買収には私以外にも3社ほどが手を挙げ、買収価格はいずれも私の示した額をはるかに上回っていたそうです。しかしオーナーは買い手に私を選んでくれました。

２０１９年秋に正式にオーナーとなってからは、利益率を高めるために経営にテコ入れをしました。

まず、付き合いのあった問屋と値上げ交渉をし、翌年からの値上げに成功しました。これで利益率が改善しました。次に販売先の開拓営業。問屋を通さずにスーパーなどに直接販売しようと営業をスタートさせています。さらに、ＥＣ事業の拡大。自社サイトを構築し、Ａｍａｚｏｎを通じて消費者への直売を行おうとしています。

一方で、従業員の労働環境の改善にも取り組みました。実はこの会社はもともと休日が少なく、休憩もあまりとれないということで、労働環境のよくない会社として地元では知られていたというのです。

その悪評を変えようと、勤務時間内にちゃんと休憩をとってもらい、有給休暇も積極的にとるように促しました。社会保険労務士とも契約して、労働環境が労働基準法などに則ったものになっているか、チェックしています。

労働環境の改善と同時に20人ほどの従業員全員と一対一での面談も行いました。丁寧に声を聞いていくと、従業員がどんなことに不満を抱えているかがわかってきました。前社長はコミュニケーション手段として、交換日誌を従業員に書かせていたのですが、これは不評だったので廃止しました。また、昼食時間が45分間しかなかったので、これを1時間にして、私も食堂で従業員とおしゃべりするように心掛けました。わずか15分の違いですが、これで圧倒的に会社の風通しがよくなり、従業員の私に対する警戒心もかなり和らいだので、やってよかったと思います。

＊　＊　＊

本書は、「300万円」で小さな会社を買いなさいという本ですが、Tさんのケースのように、財務状況がよく、規模の大きな会社では、売買価格が数千万円、数億円となるケースももちろんあります。

ここで私が伝えたいのは、個人であってもこうした規模の会社を買うことができるということです。Tさんは手持ちの資金があったため自己資金で買収しましたが、手持ちの資金では足りなくても、日本政策金融公庫の事業承継融資や銀行から新規に経営者保証なしで借り入れした資金で購入することは可能です。

自己資金300万円に融資2700万円を合わせて3000万円で買収したとしても、この会社には年間2000万円の営業利益があるので、2年で完済してしまえます。

日本酒の魅力にハマる

CASE3　24歳で酒蔵を買収、本当に美味い酒造りを。加登仙一《かとうせんいち》さんの告白

法政大学を卒業し、三菱ＵＦＪモルガン・スタンレー証券に勤めていた私は、２０１８年に会社を辞め、24歳で新潟県の佐渡島にある酒蔵、天領盃《てんりょうはい》酒造を買収しました。いまは社長兼杜氏として酒造りに全力を捧げています。

日本酒が苦手だった私が、なぜ酒蔵を買うことになったのか、24歳の若者がどうして歴史ある酒蔵を買うことができたのかといったお話をしたいと思います。

私の人生が日本酒に向くことになったきっかけは、大学生のときに1年間スイスに留学した経験にあります。

私は成田空港に近く、外国人と外国語が溶け込んでいる千葉県成田市に育ったため、自分も外国で暮らしてみたいと思い、大学時代に親に頼んで留学をさせてもらったのです。スイスを選んだのは、どうせなら今後の人生で、長期滞在をすることがないであろう国に行きたかったからです。

ブレイクダンスが趣味だった私は、スイスでダンス仲間ができ、ダンス三昧の日々を送っていました。ダンサーはヨーロッパ各国から集まっていて、飲み会では毎回、お国自慢になりました。みんな自分の国が一番だと話し、なかでも盛り上がったのはお酒の自慢でした。フランスやスペイン、イタリアの人はワインを自慢し、ドイツやベルギーの人はビールを自慢しました。そして、「日本には日本酒というお酒があるそうだが、どんなに美味しいのか」と聞かれました。

私はそれまで日本酒を美味しいと思ったことはありませんでした。日本にいた頃、安い居酒屋で商品名が「日本酒」とだけ書かれているような日本酒を飲んだことがありましたが、それは何かの罰ゲームの一環でした。

そのことを正直に話すと、なぜかすごく説教をされました。「お前は自分の国に誇りはないのか。外国に来るならまずは日本の国を勉強してから来い」と言われてしまったのです。それがすごく悔しくて、日本に戻ってから、日本の文化や歴史を勉強するようになりました。

調べると、日本酒は並行複発酵という世界でも珍しい発酵技術で造られていることがわかりました。これならあいつらをギャフンと言わせられるかもしれないと思い、すぐに日本酒専門の居酒屋に行き、店長にお勧めしてもらって飲んだのが、福島県会津若松市の宮泉《みやいずみ》銘醸さんの「寫樂《しゃらく》」という純米吟醸です。一口飲んで、自分が知っていた日本酒とはまったくの別物だとわかりました。それからいろんな店でさまざまな日本酒を飲み、日本酒にどんどんのめり込んでいったのです。

財務内容が悪い会社を選んだ

日本酒業界は昭和末期をピークにずっと右肩下がりを続けていますが、売り上げが下がっているのは普通酒と言われるもので、特定名称酒だけを見ると、ほぼ横ばいだということがデータから読み取れます。

特定名称酒とは米の精米歩合、原料、造り方などの条件によって定められる日本酒で、吟醸酒、純米酒、本醸造酒がそれに当たります。私が苦手だったのは普通酒で、美味しいと思うお酒は、手間隙をかけて造る特定名称酒でした。

さらにデータを分析すると、特定名称酒のなかでも純米酒の売り上げは微増となっていて、いまのマーケットの主流になっているようでした。

こうして日本酒のことを調べていくうちに、自分で美味い日本酒を造りたいと思うようになりました。

それも、どこかの酒造会社に就職するのではなく、自分で一から造った日本酒を持っていってスイスの仲間に飲ませたい。もともと独立志向があった私は、酒造会社を自分で作ろうと考えました。

しかし調べてみると、日本酒を製造するには国から発行される清酒製造免許が必要で、新規に取ることは非常に難しい。そうこうするうちに就活の時期になり、いったんは就職することに決め、証券会社に就職をしたわけです。

就職後も日本酒造りをしたいという熱は冷めず、いろんな人に日本酒を造りたいと話していました。

すると証券会社の仕事で知り合った方に、「免許が新しく下りないのであれば、免許を持っている酒造会社を買えばいいじゃないか」と言われ、M&Aという方法があることを知りました。

日本には1400ほどの酒造会社がある。これだけ会社があれば、業績がよくない会社や、後継者問題を抱えている会社があるだろうから、私が買うことも不可能ではないのかもしれないと思うようになりました。

それからM&Aできる可能性のある酒造会社を探し始めました。

はじめに売り上げが大きすぎず、利益が出ていない酒蔵を探そうと決めました。ちょうど、そのころM&Aマッチングサイトの存在を知り、探してみると、なんと売りに出ている酒造会社が15社も見つかったのです。驚きました。

そこから、ノンネームシートを見て、売り上げと経常利益を調べて、私の条件に当てはまるところを探し、5社と秘密保持契約を交わして、詳細情報を手に入れることができました。

さらにその5社のなかから、商品のラインナップが揃っておらず、財務内容が悪いところを探した結果、天領盃酒造が見つかったというわけです。

立て直す道筋が見えた

天領盃酒造はもともと佐渡にあった三つの会社が合併して1983年にできた酒蔵で、その後経営が悪化し、2008年に民事再生をして、中部地方のある酒蔵のオーナーにオーナーチェンジをしていました。

同社は観光客向けの木箱に入っているような高いお酒と、地元の人たちが飲む普通酒ばかりを造っていました。

しかし佐渡の観光客は年々減っているし、普通酒を飲む地元の人も減っており、経営は4000万円ほどの赤字。特定名称酒である純米酒や純米吟醸酒を造れる小さな設備もあるのに、なぜか使っていませんでした。少ない人手で大量生産できる普通酒を造って昔は売れていたから、そのやり方を変えられなかったのでしょう。

　2008年の最初のオーナーチェンジから10年間、新しいオーナーはほぼノータッチで、経営は実質、従業員が回していました。

　財務状況を調べてみると、従業員は経費を好き放題に使っています。新幹線に乗る時は必ずグリーン車を使い、飛行機もLCCには乗らずANA、JALを使うといった具合です。当然、接待交際費も使い放題。

　運送も佐渡にある地元の運送会社を使えば、有人国境離島法の補助対象になるのに、手続きが面倒臭いという理由で日本郵便を使っている。運送費だけで年間数百万円レベルのマイナスです。

　また、天領盃酒造の土地は借地でしたが、相場の2倍以上というとんでもない額の借地料を払っていました。さらに、まったく使っていないリースの設備がたくさんあり、リース代だけで年間100万円単位の支払いを続けていたこともわかってきました。

　調べれば調べるほど、赤字の理由が明白です。経営がひどすぎるだけに、かえって立て直す道筋がはっきりと見えました。

　きちんとマネジメントをし、支出を抑え、本当に美味しい酒を造って売れば、この酒蔵は蘇る、と。

赤字続きで、相手はすぐにでも手放したがっている会社だったので、売買交渉はスムーズでした。ただし、この酒蔵を立て直すためには資金調達が必要で、それは簡単ではなかったです。

地元を巻き込んで成功

一番苦労したのが事業計画の作成です。10年分の事業計画を作って銀行に持っていきましたが、何回突き返されたかわかりません。最初のころに作ったものは全然駄目で、融資の担当者にすら会えませんでした。

銀行の窓口に事業計画書を持っていくと「担当者に渡しておきます」「見ましたが、これでは無理です。お帰りください」と言われ、また直して持っていくことの繰り返し。前職の証券会社の業務で関わった銀行の人にも事業計画を見せてアドバイスをもらいました。

事業計画作りで大きく前進したのが、有人国境離島法を知ってからでした。国境近くにある有人の離島で事業を行うと、国から補助金が入ることがわかったのです。

また、佐渡市役所に行き、「佐渡の酒を通じて佐渡の魅力をどんどん発信していきたい」と言って、佐渡市も巻き込むことにしました。

できたばかりの事業承継・引継ぎ補助金の存在も知り、それも活用しながら事業計画を練り直しました。そうして2018年の1月、天領盃酒造の土地、建物、資産をすべて担保にして、日本政策金融公庫と地元の地銀の共同融資で必要な資金を100％調達することができたのです。

買収が完了すると、すぐに改革を始めました。造るお酒はすべて吟醸造りに変えました。買収翌年の2019年には新ブランド「雅楽代《うたしろ》」並びに「THE REBIRTH」をリリース。蔵元である私自らが酒造りの先頭に立つべく、「蔵元杜氏」に就任しました。

この年以降、毎年2000万円ほどの設備投資を行い、特定名称酒のラインナップを増やしています。同時に経費のほうは、年間1000万円を超えるコストカットを実現しました。

コロナ禍で売り上げが大幅にダウンした時期もありましたが、2023年3月にはついに債務超過状態を解消できました。今期は営業利益も1000万円を超えそうです。嬉しいことに商品の品質が上がったおかげで売り上げが大きく伸び、製造量も伸びています。来期は創業以来最高の売り上げ、利益を見込んでいます。

＊　＊　＊

本件は、融資や補助金をうまく活用した事例となります。中小企業はかなり多くの行政からヒト、モノ、カネ、チエすべての補助を受けられます。これらを知っているのと知らないのとでは経営結果に雲泥の差が生まれます。

私のサロンでは買収時の新しい補助や制度はもちろん情報共有されていますが、買収後の中小企業の経営に使える補助も情報共有しています。これらをフル動員すれば、かなり資産の重い（投資が必要となる）会社も20代前半にして買うことができ、赤字から大きな黒字転換にもっていくことができるのです。しかも、自分がやりたいと思った事業を、です。

早く動いた人が勝つ

ここで取り上げた3人は年齢も、サラリーマンとしてのキャリアも、買った会社もまったく異なります。しかし、3人とも一歩を踏み出したことで確実に資本家への道を歩んでいます。

インフレの影響で実質賃金は下がり、仕事でも能力を不当に低く評価されるサラリーマン冬の時代はしばらく続くでしょう。その冬の時代を乗り越えても、こつこつ貯めてきた給料だけでは、旅行すら満足にできない厳しい老後が待っています。それならば会社を買って、サラリーマンとして培った能力をフルに発揮してみるべきです。起業して一から事業を興したり、脱サラして蕎麦屋さんを始めたりするよりも、すでにある会社を買うほうがはるかに成功の可能性は高いのです。

ここまでお読みいただいた読者の皆さんのなかにはそんな方はいないでしょうが、世間では「サラリーマンが会社を買うなんてできるわけがない」と思い込んでいる人がまだまだいます。だからこそ、早く動き出した人はいい会社を安く手にすることができるのです。そんな「おいしい」状況は最長でも5年、早ければ2~3年で終わるでしょう。

サラリーマンが会社を買うなら、「いますぐ」動き出すべきです。あなたの能力を求めている中小企業が必ず見つかるはずです。

三戸政和さんが主宰する「サラリーマンが300万円で小さな会社を買うサロン」（ＤＭＭオンラインサロン）に関する情報が、こちらからご覧になれます ──→

三戸政和

株式会社日本創生投資代表取締役社長。1978年兵庫県生まれ。同志社大学卒業後、2005年ソフトバンク・インベストメント(現SBIインベストメント)入社。2011年兵庫県議会議員を経て、2016年日本創生投資を創設。2018年4月に上梓した『サラリーマンは300万円で小さな会社を買いなさい』のシリーズが累計20万部超のベストセラーとなり、読者を中心としたDMMオンラインサロン(経営塾)「サラリーマンが300万円で小さな会社を買うサロン」の累計参加者は1000名を超える。著書に『サラリーマンは300万円で小さな会社を買いなさい』(講談社+α新書)、『資本家マインドセット』(NewsPicks Book)、『営業はいらない』(SB新書)、『サラリーマンがオーナー社長になるための企業買収完全ガイド』(ダイヤモンド社)など。Twitterアカウントは「@310JPN」

講談社＋α《プラスアルファ》新書 789-3 C

いますぐサラリーマンは300万円《まんえん》で小《ち》さな会社《かいしゃ》を買《か》いなさい

三戸《みと》政和《まさかず》

2023年8月21日第1刷発行

発行者——高橋明男

発行所——株式会社 講談社

東京都文京区音羽2-12-21 〒112-8001

電話 編集(03)5395-3522

販売(03)5395-4415

業務(03)5395-3615

デザイン——鈴木成一デザイン室

カバー印刷——共同印刷株式会社

印刷——株式会社新藤慶昌堂

製本——牧製本印刷株式会社

KODANSHA

定価はカバーに表示してあります。

落丁本・乱丁本は購入書店名を明記のうえ、小社業務あてにお送りください。

送料は小社負担にてお取り替えします。

なお、この本の内容についてのお問い合わせは第一事業本部企画部「＋α新書」あてにお願いいたします。

Printed in Japan

ISBN978-4-06-532834-7

講談社＋α新書

「よく見える目」をあきらめない 遠視・近視・白内障の最新医療
荒井宏幸
劇的に進化している老眼、白内障治療。50代、60代でも8割がメガネいらずに！
946円 783-1 B

野球エリート 野球選手の人生は13歳で決まる
赤坂英一
根尾昂、石川昂弥、高松屋翔音……次々登場する新怪物候補の秘密は中学時代の育成にあった
924円 784-1 D

NYとワシントンのアメリカ人がクスリと笑う日本人の洋服と仕草
安積陽子
マティス国防長官と会談した安倍総理のスーツの足元はローファー…日本人の変な洋装を正す
946円 785-1 D

医者には絶対書けない幸せな死に方
たくきよしみつ
「看取り医」の選び方、「死に場所」の見つけ方。お金の問題……。後悔しないためのヒント
924円 786-1 B

もう初対面でも会話に困らない！ 口ベタのための「話し方」「聞き方」
佐野剛平
『ラジオ深夜便』の名インタビュアーが教える、自分も相手も「心地よい」会話のヒント
880円 787-1 A

人は死ぬまで結婚できる 晩婚時代の幸せのつかみ方
大宮冬洋
80人以上の「晩婚さん」夫婦の取材から見えてきた、幸せ、課題、婚活ノウハウを伝える
924円 788-1 A

サラリーマンは300万円で小さな会社を買いなさい 人生100年時代の個人M&A入門
三戸政和
脱サラ・定年で飲食業や起業に手を出すと地獄が待っている。個人M&Aで資本家になろう！
924円 789-1 C

サラリーマンは300万円で小さな会社を買いなさい　会計編
三戸政和
サラリーマンは会社を買って「奴隷」から「資本家」へ。決定版バイブル第2弾、「会計」編！
946円 789-2 C

いますぐサラリーマンは300万円で小さな会社を買いなさい
三戸政和
サラリーマンが資本家になる最短かつ最良の道。シリーズ累計20万部超の最新作。堀江貴文氏推薦
990円 789-3 C

名古屋円頓寺《えんどうじ》商店街の奇跡
山口あゆみ
「野良猫さえ歩いていない」シャッター通りに人波が押し寄せた！　空き店舗再生の逆転劇！
880円 790-1 C

シンガポールで見た日本の未来理想図 少子高齢化でも老後不安ゼロ
花輪陽子
日本を救う小国の知恵。1億総活躍社会、経済成長率3・5％、賢い国家戦略から学ぶこと
946円 791-1 C

表示価格はすべて税込価格（税10％）です。価格は変更することがあります